政德

孙运德　吴冰◎主编

红旗出版社

红旗出版社
RED FLAG PRESS
推动进步的力量

图书在版编目（CIP）数据

政德 / 孙运德，吴冰主编.. --北京：红旗出版社，2018.4

ISBN 978-7-5051-4628-0

Ⅰ. ①政… Ⅱ. ①孙… ②吴… Ⅲ. ①中国共产党－干部－道德修养－学习参考资料 Ⅳ. ①D262.3

中国版本图书馆CIP数据核字（2018）第078132号

书　　名　政德
编　　著　孙运德　吴　冰
出 品 人　李仁国
总 监 制　高海浩
出版发行　红旗出版社
邮政编码　100727
E－mail　hongqi1608@126.com
发 行 部　010-57270296
印　　刷　北京中科印刷有限公司
成品尺寸　700 毫米 ×1000 毫米　1/16
字　　数　200 千字
版　　次　2018 年 5 月第一版
ISBN　978-7-5051-4628-0

责任编辑　于鹏飞
封面设计　美美
地　　址　北京市沙滩北街 2 号
编 辑 部　010-51274617
印　　张　15
印　　次　2018 年 5 月第一次印刷
定　　价　48.00 元

欢迎品牌畅销图书项目合作　联系电话：010-57274627

目录

第一章

提高风清气正政治生态的政治“含金量”

第二章

“为政以德，譬如北辰”

第三章

明大德：大是大非面前旗帜鲜明

第四章

守公德：心底无私天地宽

第五章

严私德：严格约束自己的操守和行为

第六章
多积尺寸之功

第七章
心不动于微利之诱，目不眩于五色之惑

第八章

筑起两道防线：既要搭得高，也要守得住

政

德

第一章

提高风清气正政治生态的政治“含金量”

Chapter 1

习近平总书记指出：“政治生态好，人心就顺、正气就足；政治生态不好，就会人心涣散、弊病丛生。”“净化政治生态同修复自然生态一样，绝非一朝一夕之功，需要综合施策、协同推进。”政治生态就是各类政治主体生存发展的环境和状态，是政治制度、政治文化、政治生活等要素相互作用的结果，是党风、政风、社会风气的综合反映，影响着党员干部的价值取向和为政行为。党的十八大以来，习近平总书记以刮骨疗毒的决心勇气、扶危定倾的胆略智慧和高压严治的鲜明姿态，强力正风反腐、从严整纲肃纪，全国上下政治生态焕然一新。在新时代，通过政德建设，努力形成风清气正的政治生态，是旗帜鲜明讲政治、坚决维护党中央权威和集中统一领导的政治要求和迫切需要。

一、抓住“关键少数”，形成“头雁效应”

2016年1月12日，习近平总书记在第十八届中央纪律检查委员会第六次全体会议上的讲话中指出：“政治问题，任何时候都是根本性的大问题。”坚决维护党中央权威和集中统一领导，绝不是一般问题和个人的事，而是方向性、原则性问题，是党性，是大局，关系党、民族、国家前途命运，是对党员干部的最高政治要求。

1. 维护权威是马克思主义政党建设的重大课题和一贯思想

权威，一般意义上说，是人们在社会生活实践中逐渐形成的，对社会生活实践的必然性和创造性的认同和服从。恩格斯在《论权威》中指出：“这里所说的权威，是指把别人的意志强加于我们；另一方面，权威又是以服从为前提的。”① 之所以强调权威，是因为权威对国际共产主义运动的发展具有重要作用。

① 《马克思恩格斯选集》第3卷，人民出版社1995年版，第224页。

在总结巴黎公社失败教训时，马克思、恩格斯深刻指出：“巴黎公社遭到灭亡，就是由于缺乏集中和权威。”

恩格斯为了清理以巴枯宁为代表的无政府主义者及其思想对国际共产主义运动的负面影响，才写作了《论权威》。

巴枯宁是无政府主义的代表者，为了宣传他的思想，他在1873年写了《国家制度和无政府状态》一书，使其无政府主义思想开始系统化。在巴枯宁看来，人的个性自由是绝对的，一切权威都会对人的自由带来危害，国家和政府是权威的主要代表，是对个人自由的最大祸害，因此，为了维护个人的绝对自由，“必须无条件地排除权威原则和国家的必要性”，否定一切权威，使人类社会成为无政府状态。

针对巴枯宁无政府主义思想，恩格斯通过对现代资本主义经济关系和生产发展的考察，指出了权威存在的必要性，“联合活动就是组织起来，而没有权威能够组织起来吗？”[①]他认为，随着工业的发展，出现了“使各个分散的活动越来越为人们的联合活动所代替的趋势”，社会越发展，生产越复杂，权威就越必要。

同时，人类是社会性的动物，社会性是其本质属性。这就决定了每个人都是社会的一员，不能离开社会和集体绝对孤立地存在，在一个人数众多的社会中，离开了权威是不可想象的。否定权威就等于否定客观规律，因为“想消灭大工业中的权威，就等于想消灭工业本身”，而这是对社会历史发展规律的一种反动。

那么，权威和自由真的是矛盾的吗？恩格斯认为，权威和自由是

① 《马克思恩格斯选集》第3卷，人民出版社1995年版，第224—225页。

相对的、辩证的关系，社会生产越发展，权威就显得越重要。权威一方面保证了大机器工业生产的正常进行，另一方面又使社会发展中的问题得到了解决，也就是说，“问题是靠权威来解决”①的。

恩格斯关于权威的论述，为维护党中央权威和加强党的集中统一领导提供了理论依据。

列宁高度重视维护党的权威和革命领袖的权威，注重加强党的集中统一领导。

十月革命后，苏维埃政权面临来自各方面的严峻挑战。1918-1920年间，由于14国的联合武装干涉和国内的武装叛乱，苏维埃俄国曾一度丧失大半国土。为了维护新生的苏维埃政权，列宁提出，要实行“极严格的集中制和严格的纪律”。他指出，革命刚刚打碎了强加于群众的那种最陈旧、最牢固、最沉重的镣铐。这是昨天的事。但是在今天，同样是这个革命，并且是为了发展和巩固这个革命，正是为了社会主义，才要求群众无条件服从领导者的统一意志。

列宁严肃批评了俄国当时一些激进的知识分子提出的不要任何权威的主张，明确指出工人阶级要在全世界进行艰难而顽强的斗争以取得彻底解放，就必须有权威。他还指出：“造就一批有经验、有极高威望的党的领袖是一件长期的艰难的事情。但是做不到这一点，无产阶级专政、无产阶级的意志统一就只能是一句空话。”

列宁主张，必须坚持党对国家机关工作的领导，这种领导主要是干部选拔、制定方针政策、检查指导等工作；党的一切组织都必须坚

① 《马克思恩格斯选集》第3卷，人民出版社1995年版，第225页。

持民主集中制原则，发扬党内民主，坚持集体领导，遵守党的集中纪律；党员干部必须接受党内监督和党外监督。这些思想既为维护党的权威和集中统一领导提供了指导，又为政德建设指明了方向。

从中国共产党的历史看，能否形成坚强的中央领导集体并维护这个集体的权威，在很大程度上决定着党的生死存亡。

1935 年遵义会议在党的发展历史上具有里程碑意义。因为在遵义会议上，确立了毛泽东同志在红军和党中央的领导地位，使面临失败危险的中国共产党开始形成坚强的领导核心，从此中国革命焕然一新。正是在党中央坚强有力的领导下，经过一代又一代中国共产党人团结带领人民接续奋斗，中国革命、建设、改革事业才取得举世瞩目的伟大成就。

毛泽东同志说，“一个桃子剖开来有几个核心吗？只有一个核心”，“要建立领导核心，反对‘一国三公’”。邓小平同志也说，“任何一个领导集体都要有一个核心，没有核心的领导是靠不住的”。

苏共亡党亡国的历史从反面证明了维护党中央权威和集中统一领导的极端重要性。

不可否认，苏联革命和建设在前期的发展中取得了巨大成功，不仅使社会主义大旗高高飘扬，也极大地推动了社会生产的发展。之所以能够取得成功，最主要的原因在于有了列宁、斯大林等党和国家的领导核心，并坚持和维护了核心的集中统一领导。

然而，苏联的解体速度之快、程度之激烈、倒塌效应之轰动，完全超出人们的预料。为什么会出现这种社会主义运动发展史上的大灾难呢？原因是多方面的，但苏共丧失了党中央权威和集中统一领导是一个重要因素。

到了苏共执政后期，尤其是20世纪80年代中期以后，在苏共党内分成了政见不同的三个派系，即以叶利钦为首的激进派、以利加乔夫为代表的苏共党内保守派和以戈尔巴乔夫为代表的中间派。叶利钦等激进派打着反极权、反特权、反腐败的口号，把自己装扮成为苏联人民争民主、人权、自由的斗士；利加乔夫等人作为斯大林模式的既得利益者，坚持和维护旧模式和既有权力结构；以戈尔巴乔夫为代表的中间派既想维护和把持总书记一人治理体制，又试图对权力结构进行重大改革。

特别值得注意的是，作为苏共领导人的戈尔巴乔夫公开质疑宪法第六条的合法性（关于苏共是社会领导力量和政治体制核心的规定），宣扬党的地位不应当依靠宪法强行合法化，声称“苏联共产党不想享有垄断权”，并通过修改宪法第六条，取消了苏共的领导地位，实行政治多元化和多党制。这成了苏共丧失权威和集中统一领导的重要因素。

国家变色从权力变质开始。列宁对于共产党执政后党内可能出现的以权谋私的腐败现象，早有警觉。在列宁的建议下，1922年召开的俄共第十一大规定，要求对党的干部“个人发财企图必须无情地加以制止”，绝不允许把入党看作升官发财的手段。

有一次，列宁发现莫斯科市委常委会包庇一些严重侵犯群众利益的领导干部时，他直接给中央政治局写信，建议给莫斯科市委以严重警告处分，要求向省委重申，任何人都不得干预法庭的审判工作，否则就要被开除出党。信的末尾，列宁还愤慨地写了个附言：“可耻和荒唐到了极点，执政党庇护‘自己的’坏蛋!! ”[①]

邓小平曾说过：“东欧的事情对我们来说并不感到意外，迟早要出现的。东欧的问题首先出在内部。”苏联也是如此。苏联解体前，《西伯利亚报》曾经作过一次问卷调查，调查结果后来刊登在《莫斯科新闻》上，被调查者认为苏共代表工人的占4%，认为苏共代表全体人民的占7%，认为苏共代表全体党员的占11%，而认为苏共代表党的官僚、干部、机关工作人员的竟占85%！[②]

原苏联部长会议主席尼·雷日科夫曾引用过一句很有哲理的话：“权力应当成为一种负担。当它是负担时就会稳如泰山，而当权力变成一种乐趣时，那么一切也就完了。”可以说，正是苏共官员权力观的异化，使他们把权力变成了乐趣，使苏共失去了人民的信任和支持，丧失了权威和集中统一领导，最终造成了苏共亡党亡国的历史悲剧。

习近平总书记在十八届中央纪委二次全会上指出，我们党是靠革命理想和铁的纪律组织起来的马克思主义政党，纪律严明是党的光荣传统和独特优势。党面临的形势越复杂、肩负的任务越艰巨，就越要加强纪律建设，越要维护党的团结统一，确保全党统一意志、统一行动、步调一致前进。

十八大以来取得的历史成就，就是因为有了习近平这个党中央权威和集中统一领导的结果。习近平总书记在党的十九大报告中，总结了过去五年的工作和取得的历史性变革。过去五年我们之所以能够取得如此巨大的成就，解决了许多长期想解决而没有解决的难题，办成

① 黄苇町著：《苏共亡党十年祭（最新版）》，江西高校出版社2013年版，第91—92页。
② 黄苇町著：《苏共亡党十年祭（最新版）》，江西高校出版社2013年版，第53—54页。

了许多过去想办而没有办成的大事，既是全党全国各族人民共同奋斗的结果，更是党中央坚强领导的结果。

五年来，我们党内政治生活气象更新，党内政治生态明显好转，党的创造力、凝聚力、战斗力显著增强，党的团结统一更加巩固，其主要原因就在于，中国共产党人勇于面对发展中面临的重大风险考验和党内存在的突出问题，以顽强意志品质正风肃纪、反腐惩恶，消除了党和国家内部存在的严重隐患，使中国共产党在革命性锻造中更加坚强，焕发出新的强大生机活力，为党和国家事业发展提供了坚强政治保证。

然而，全面从严治党永远在路上。在党中央统一领导下，党的十八大以来，检察机关对周永康、孙政才、令计划、苏荣等 120 名原省部级以上干部立案侦查，对 105 名原省部级以上干部提起公诉。因此，全党要清醒地认识到，我们党面临的执政环境是复杂的，影响党的先进性、弱化党的纯洁性的因素也是复杂的，党内存在的思想不纯、组织不纯、作风不纯等突出问题尚未得到根本解决。要深刻认识党面临的执政考验、改革开放考验、市场经济考验、外部环境考验的长期性和复杂性，深刻认识党面临的精神懈怠危险、能力不足危险、脱离群众危险、消极腐败危险的尖锐性和严峻性，坚持问题导向，保持战略定力，推动全面从严治党向纵深发展。

2. 树立新时代政德观必须坚决维护核心

恩格斯在《论权威》一文中，从社会生产发展和人类社会本质两个视角论述了权威存在的必要性。被称为20世纪“世纪智者”的英国学者罗素，在《中国问题》一书中指出，某个重要的个人对民族性格的形成影响巨大。他认为，中国与埃及、巴比伦在物质和经济上情况相似，但在精神上几乎没有任何相同之处。所以，气候和经济可以说明一部分问题，但无法说明全部问题。可能文明形成时期产生的重要的个人，对于民族性格的形成影响更大。

一个时代需要代言人，一个民族需要领航者。在当今政党政治中，政党权威通常是和党的领袖权威紧密联系在一起的。党的领袖在某种意义上就是民族和国家的代言人、领航者，党的领袖在很大程度上决定了一个民族、一个国家的兴衰。

戈尔巴乔夫作为最高领导人，无疑是领导苏联最后六年多“改革”的灵魂人物。他的一言一行对整个“改革”以及领导“改革”的苏联共产党有着直接和决定性的影响。他的“改革”被苏联人民称为“破坏苏联、瓦解苏联的计划”。正是因为戈尔巴乔夫背叛了党，出卖了国家和人民，他才被苏联人民和历史无情地抛弃。

党的十八大以来，中国共产党形成了以习近平同志为核心的党中央，中国特色社会主义事业有了坚强的领导者，中华民族伟大复兴的巨轮有了人民可以依赖的舵手。全体党员一定要真诚拥护、真心拥戴、自觉服从这个核心，时刻做到政治对标、自觉看齐，坚定维护习近平总书记在党中央、在全党的核心地位。

3. 树立新时代政德观必须坚决维护党中央权威

习近平总书记强调，要把党的政治建设摆在首位。旗帜鲜明讲政治是我们党作为马克思主义政党的根本要求。党的政治建设是党的根本性建设，决定党的建设方向和效果。保证全党服从中央，坚持党中央权威和集中统一领导，是党的政治建设的首要任务。

很多“关键少数”之所以走上违法犯罪的道路，成为政治上的两面人，很重要的原因就在于心中无党，心中没有规矩，尤其是政治规矩。心中没有规矩，行为没有底线，最终使自己因忘记理想信念、忘记党员身份、没有自觉维护中央权威而失去了前进的方向和动力。

高位跌落始觉悔。落马高官在忏悔时除了表达对家人的真诚悔意外，绝大多数都发自内心地表示，对不起党、国家和人民。安徽省原副省长倪发科的忏悔颇为深刻。作为一名曾上山下乡的知青，倪发科从生产队一级的村干部做起，一步步走上省部级领导干部岗位。他在庭审时连用四个“愧对”自责，“一年多的反思，让我深深感受到，我愧对了党和人民对我40多年的培养和教育，愧对了六安老区700万人民，愧对了十年来爱护关心、帮助、教育过我的各级老领导、老同事，愧对了我的家庭”。江西省人大常委会原副主任陈安众在表达歉意时更是数度哽咽，他说：“党和国家、人民教育培养我那么多年，付出了那么多心血，我却走上犯罪的道路，完全辜负了党和国家、人民对我的教育、培养。”[①] 自觉维护党中央权威，是新时代政德的核心要求。

---

① 马学玲：《受审高官忏悔录：他们都觉得对不起谁？》，中国新闻网，2015年8月12日。

维护党中央权威，就要严格遵守政治纪律和政治规矩，在指导思想和路线方针政策以及关系全局的重大原则问题上，全党必须在思想上政治上行动上同党中央保持高度一致；要自觉尊崇党章，严格执行新形势下党内政治生活若干准则，增强党内政治生活的政治性、时代性、原则性、战斗性，自觉抵制商品交换原则对党内生活的侵蚀，营造风清气正的良好政治生态；完善和落实民主集中制的各项制度，坚持民主基础上的集中和集中指导下的民主相结合，既充分发扬民主，又善于集中统一；坚决防止和反对个人主义、分散主义、自由主义、本位主义、好人主义，坚决防止和反对宗派主义、圈子文化、码头文化，坚决反对搞两面派、做两面人。

4. 树立新时代政德观必须坚持党中央的集中统一领导

思想支配行动，观念指导实践。坚持党中央的集中统一领导是维护核心和党中央权威的根本要求。习近平总书记指出，遵守党的政治纪律，最核心的，就是坚持党的领导，坚持党的基本理论、基本路线、基本纲领、基本经验、基本要求，同党中央保持高度一致，自觉维护中央权威。

东欧剧变和苏联解体，之所以会祸起萧墙，是因为这些国家的执政共产党已经发生了异化，从代表人民根本利益、受人民热爱和拥护的党，蜕变成了达官贵人们利益的代表者，只有共产党之名而无共产党之实。在人民的心中，这些党早已死了。在这种情况下，要想维护共产党的集中统一领导已经不可能了。

"8·19"事件，应该说是苏共挽狂澜于既倒，避免自己走向苦难深渊的最后尝试，但是，在这个党和国家生死存亡的危急关头，领导者却未能得到人民，包括还在组织内的1500万名党员的响应和支持。莫斯科和列宁格勒的很多人都选择支持退党的叶利钦和民主派。副总统亚纳耶夫等人发出的命令无论在党内、政府内，还是在军队内都处处受阻，几乎没有人执行。因此，仅两天时间，挽救苏联的最后努力就流产了。[①]

党的十八大以来，习近平总书记针对党面临的执政考验、改革开放考验、市场经济考验、外部环境考验，特别强调要维护党的集中统一领导，要求坚持党对一切工作的领导，提高党把方向、谋大局、定政策、促改革的能力和定力，确保党始终总揽全局、协调各方。

现实生活中，不管是身居高位的大贪，还是为政一方的小腐，其影响的决不仅仅是个人，更重要的是影响了党的权威，影响了党的集中统一领导。刘铁男在忏悔时说，与家庭相比，自己对组织造成的伤害更大，"我是在一定位置的干部，我的形象已经不是个人，而是代表共产党员。我多次获得过'优秀共产党员'的称号，今天变成一个罪犯，已经不是我个人的问题，对党和国家，对党的事业和人民的事业造成的损失应当是难以估量的。"

各级党组织和领导干部要自觉用党章规范自己的一言一行，在任何情况下都要做到政治信仰不变、政治立场不移、政治方向不偏。牢固树立大局观念和全局意识，正确处理保证中央政令畅通和立足实际

---

① 黄苇町著：《苏共亡党十年祭（最新版）》，江西高校出版社2013年版，第7页。

创造性开展工作的关系，确保任何具有地方特点的工作部署都必须以贯彻中央精神为前提。为此，要坚持防止和克服地方和部门保护主义、本位主义，决不允许“上有政策、下有对策”，决不允许有令不行、有禁不止，决不允许在贯彻执行中央决策部署上打折扣、做选择、搞变通，切实维护党中央的集中统一领导。

二、高悬明镜，紧握戒尺

党的十八大以来，中国共产党着力解决管党治党失之于宽、失之于松、失之于软的问题，使不敢腐的震慑作用充分发挥，不能腐、不想腐的效应初步显现，反腐败斗争压倒性态势已经形成。但是，党风廉政建设和反腐败斗争形势依然严峻复杂。

习近平总书记在第十八届中央纪律检查委员会第六次全体会议上的讲话中指出：“有的仍心存侥幸，搞迂回战术，卖官帽、批土地、抢项目、收红包，变着花样收钱敛财，动辄几百万、几千万甚至数以亿计；有的欺瞒组织、对抗组织，藏匿赃款赃物，与相关人员订立攻守同盟，企图逃避党纪国法惩处。他们故意制造一些噪音杂音，企图混淆视听，自己好从中脱身。‘四风’在面上有所收敛，但并没有绝迹。党的十八大之后查处的领导干部，很多在享乐主义和奢靡之风上没有收手，贪图享乐，大吃大喝，花天酒地，骄奢淫逸，依然我行我素。

有的‘四风’问题改头换面、花样翻新，出现了各种变异。种种现实表明，全面从严治党任务依然艰巨，必须持续保持高压态势。”

政德是推动全面从严治党向纵深发展、净化党内政治生态的重要支撑。所谓“政德”，通俗地理解，就是为政者必须坚守的道德。习近平总书记从明大德、守公德、严私德三个层次对领导干部讲政德、立政德进行了高度概括和系统阐释。“明大德”是从“三观”即世界观、人生观、价值观层面提出的要求，“守公德”是从为政者的职业道德层面提出的要求，“严私德”则是从个人修养层面提出的要求。其中，“明大德”是政德的核心，是国家之根本，对守公德和严私德具有统领作用；“守公德”是政德的具体化，是社会之大势，是明大德和严私德在为政者日常工作中的综合；“严私德”是政德的基础，是个人之操守，离开了这一为政基础，“明大德”和“守公德”就无从谈起。

注重讲政德是我们党的优良传统。在延安时期，毛泽东同志号召全党学习白求恩精神，在《纪念白求恩》的讲话中深刻阐述了“为人民服务”的政德观，要求全党同志都要像白求恩那样，做“一个高尚的人，一个纯粹的人，一个有道德的人，一个脱离了低级趣味的人，一个有益于人民的人”。

改革开放以来，邓小平同志明确提出“没有共产主义道德，怎么能建设社会主义”的问题。江泽民同志要求“领导干部必须坚持讲学习、讲政治、讲正气，还必须讲修养、讲道德、讲廉耻”。胡锦涛同志强调领导干部要“常修为政之德、常思贪欲之害、常怀律己之心”。

党的十八大以来，习近平总书记站在推进中国特色社会主义伟大事业，实现“两个一百年”奋斗目标、实现中华民族伟大复兴中国梦的战略高度，站在坚持党要管党、从严治党，密切党同人民群众血肉联系，巩固党的执政基础和执政地位的政治高度，多次阐明党员干部特别是领导干部加强道德修养的重要性和紧迫性。建党 90 多年来的事实证明，中国共产党人的高尚道德人格，始终是党赢得党心民心、赢得人民群众支持拥护的重要法宝，是战胜各种困难风险的强大力量。

1. 明大德，必须树立社会主义理想，坚定共产主义必胜信念

何谓大德？大德就是为政者对于国家、民族的情感，是“位卑未敢忘忧国”，是“苟利国家生死以，岂因祸福避趋之”。对共产党人来说，明大德，就是要铸牢理想信念，在大是大非面前旗帜鲜明，在风浪考验面前无所畏惧，在各种诱惑面前立场坚定，这是党员干部首先要修好的“大德”。

习近平总书记在党的十九大报告中强调，要把党的政治建设摆在首位。因为，党的政治建设是党的根本性建设，决定党的建设方向和效果。削弱或者忽视党的政治建设，就会带来极为严重的政治后果。

苏共的蜕变首先是从党员入党开始的。由于没有坚持发展党员的标准，许多不符合党员标准的官僚腐败分子、投机钻营之徒乘机混进党内，兴风作浪。俄罗斯科学院院士、社会政治研究所所长根·瓦·奥希波夫指出：“由于对要求入党者审批的放宽，什么人都可以入党，其结果就是怀着各种私利的野心家混入党内。鱼烂是先从头上烂起的。从赫鲁晓夫那个时候开始，我们党的领导层就开始了腐烂。这些混进党内并企图不断高升的人入党的主要目的是什么呢？入党后，就意味

着可以到非洲去狩猎，把自己的儿子、孙子辈安排好，把自己的家庭安排好。”

混入苏共党内的投机分子不仅取得了政治权力，还大搞以权谋私、特权和腐败。党和社会上形式主义盛行，奢靡之风猖獗，官僚主义泛滥，享乐主义主宰了整个社会风气，就连党委书记也明码标价。1969 年，阿塞拜疆一个区委第一书记就“价值”20 万卢布，第二书记是 10 万卢布。①

一个政党，一个政权，其前途命运取决于人心向背。苏联人民抛弃这样一个背弃了人民的政党也是必然的。

中国的反腐败是一场输不起也决不能输的斗争！

“输不起”是相对于中华民族的伟大复兴而言的。改革开放以来，党内出现了严重的腐败现象，这不仅败坏了政德，更对党和政府的公信力、对社会风气造成了严重破坏。习近平总书记指出，腐败是社会毒瘤，如果任凭腐败问题愈演愈烈，最终必然亡党亡国。正因为如此，反腐败并非权宜之计，而是事关党和国家生死存亡和长远发展的重大课题。

“不能输”是相对于党的性质宗旨及其历史使命而言的。我们的党来自人民、植根人民、服务人民，其宗旨是全心全意为人民服务。除了中国最广大人民群众的根本利益，我们党没有自己的特殊利益。某些党员凭借手中权力从事腐败活动，其实质是拿执政党的权力与个人私利相交换，这种做法与党的宗旨根本对立。

---

① 李慎明总撰稿：《苏联亡党亡国 20 年祭——俄罗斯人在诉说》，社会科学文献出版社 2013 年版，第 100–102 页。

习近平总书记强调，民心是最大的政治，正义是最强的力量。正所谓“天下何以治？得民心而已！天下何以乱？失民心而已！”社情民意是观察政治问题的晴雨表。反腐败增强了人民群众对党的信任和支持，人民群众给予高度评价。2015年，国家统计局问卷调查结果显示，91.5%的群众对党风廉政建设和反腐败工作成效表示很满意或比较满意。中国社科院一个问卷调查显示，93.7%的领导干部、92.8%的普通干部、87.9%的企业人员、86.9%的城乡居民对中国反腐败表示有信心或比较有信心。这再次印证党风廉政建设和反腐败斗争顺党心、合民意，有着广泛和坚实的政治基础和群众基础。

在新时代，要想把党建设成为始终走在时代前列、人民衷心拥护、勇于自我革命、经得起各种风浪考验、朝气蓬勃的马克思主义执政党，就必须坚决打赢反腐败这场斗争。

纵观落马官员，无不是因为失去了共产主义和社会主义理想信念这个大德才做出了错误的抉择，他们任由内心的欲望疯长，让欲望压倒了信念，从而抛弃了党，抛弃了人民，抛弃了曾经在党旗下做出的承诺，抛弃了自己的初心。他们因为个人小家的利益，侵占社会大家的利益。

“我所犯下的受贿罪和滥用职权罪，严重损害了党和人民的利益，对党的形象和国家公职人员的公信力造成了十分严重的影响，令自己羞愧难当、痛悔不已。我错了，真的对不起大家。”四川省委原副书记李春城当庭喟叹，人生没有办法重来，每个人都要为自己的行为负责。

陕西政协原副主席祝作利则更进一步表示，“我现在非常悔恨，由于自己所为，严重损害了党和国家形象，损害了国家公共管理秩序，也给所在单位造成了很不好的影响。”

只有全体共产党人都能明大德，坚守理想信念，才能在大是大非面前做出正确抉择，抵抗住各种诱惑。同时，我们管党治党不放松、正风肃纪不停步、反腐惩恶不手软，就一定能赢得这场输不起也决不能输的斗争！

2. 守公德，必须自觉践行全心全意为人民服务的宗旨

公德，一般意义上理解，是指社会和国家对公民个体的道德价值要求。强调共产党员守公德，就是要强化宗旨意识，全心全意为人民服务，恪守立党为公、执政为民理念，自觉践行人民对美好生活的向往就是我们的奋斗目标的承诺，做到心底无私天地宽。

公民的公德水平是现代化国家和社会文明的重要标志。自由、平等、公正、法治是现代社会的基本价值准则，体现了人类对于美好生活的追求。这些公德也与公民的日常生活息息相关，是社会整体的道德秩序。

公德不仅可以规范为政者的行为，还对于社会道德建设具有引领作用。那么，为政者应该具有什么样的公德呢？

一个国家的治理离不开文臣和武将，南宋抗金英雄岳飞曾用“文臣不爱钱，武臣不惜死”来概括为政者的职业道德。据《宋史·岳飞传》记载，有人问岳飞天下何时能够太平，岳飞曰：“文臣不爱钱，武臣不惜死，天下太平矣。”在他看来，治理国家的人只要不爱钱，保卫国家的人只要不怕死，这个国家的人民就一定能够享受到天下太平的生活。

钱财对个人具有很大的诱惑力，如果为政者私欲太大，就会见钱不见人。《列子·说符》讲了一个“齐人攫金”的故事。有个齐国人，一心想要金子，为了得到金子，他直奔卖金之所，抓起金子就跑。后来被官府抓住，官府问他，你为什么敢在众目睽睽之下拿别人的金子？那个齐国人回答说，我在拿金子的时候，眼里只有金子，根本看不到有人。这是不是有点掩耳盗铃的感觉呢！

对于普通人而言，对财物的渴望会令其失去最基本的判断力。对于为官者来说，心系于钱财，就会把身上的责任忘得一干二净，为国为民也就无从谈起。正因为如此，“美国宪法之父”麦迪逊说：“如果人人都是天使，就不需要任何政府了；如果是天使统治人，就不需要对政府有任何外在的和内在的控制了。”

历史和现实证明，如果为官者没有公德心，就会把权力视为可以和金钱进行买卖交易的货物，就会以权谋私、任人唯亲、拉帮结派，将手中的权力用作满足一己私欲的工具。只有做到守公德，才能时刻提醒自己手中的权力来自人民，才能真正做到全心全意为人民服务，才能在信念动摇的时候守住底线。

3. 严私德，必须不断加强自身修养

私德是对个体行为的严格约束。“莫见乎隐，莫显乎微”“君子以顺德，积小以高大”，越是平凡、细微的言行，越能看出一个人的德行。崇德向善隐含于人们日常的言行举止中。正是无数个体的私德水准，夯实了社会的公德根基，筑起了高耸的大德大厦。

共产党员严私德，就是要严格约束自己的操守和行为。党员干部严私德要从修身做起，真正做到戒贪止欲、克己奉公，切实把人民赋予的权力看作是一份用来为人民谋利益、谋幸福的责任。要管好自己的家人，把家风建设摆在重要位置，廉洁齐家，防止“枕边风”成为贪腐的导火索，防止子女打着自己的旗号非法牟利，防止身边人把自己“拉下水”。

唐朝人张固在《幽闲鼓吹》里讲述了一个李师古行贿的故事。李师古是当时的青州刺史，此人性情暴戾，为人非常凶残，但他对当朝宰相杜黄裳有所畏惧，不敢造次。为了讨好杜黄裳，李师古准备将百万钱物和一辆毛毡为篷的暖车送给杜黄裳。可是，送礼的人不敢贸然进入宰相府，只好在府邸门旁观察等待机会。可是，一连数日，李师古发现，每次宰相夫人出门，两个随从的婢女都穿着破旧的黑色衣衫。看到这种情景，李师古只好取消送礼的打算。

这个故事说明，良好的修养和家风，是预防腐败的第一道防线。如果党员干部对自己要求严格，清正廉洁，一身正气，不怀好意之人就不会有空子可钻，又何谈触碰党纪国法底线呢?

焦裕禄是党的好干部，人民的好公仆，1962 年他被调到河南省兰考县担任县委书记，虽然在兰考仅工作了 470 多天，但他却凭借一心为民的公仆情怀、严谨求实的工作作风、迎难而上的奋斗精神和爱党爱民的道德情操，在兰考人民群众心中铸就了一座永恒的丰碑，也使他成了无数优秀共产党人的楷模和榜样。

习近平总书记指出，每一位领导干部都应该算好“三笔账”：“利益账”“纪律法律账”和“良心账”。从利益层面讲，领导干部已有稳定的收入、有组织给的待遇，细细算来，得到的已不少，因为一些蝇头小利就贪赃枉法，最终一失万无，值吗？从纪律法律层面讲，任何人，不管职位多高、贡献多大，只要违纪违法，必然会受到法纪制裁，一时侥幸换来悔之晚矣，值吗？从良心层面讲，领导干部在岗位上，组织信任、人民期待，最后却“自己把自己打倒”，对得起组织和人民，对得起自己的良心吗？面对利益诱惑，面对权力考验，每名领导干部，都应该在心中好好算算账。①

党员干部只有严私德，坚守公权姓公，常在心中算好为官从政的“三笔账”，才能自觉抵制各种利益的诱惑，践行全心全意为人民服务的宗旨，走好走稳从政之路，更好地为人民服务。

三、行百里者半九十，奋斗路上战犹酣

习近平总书记在党的十九大报告中指出，贯彻落实新时代中国特色社会主义思想，必须坚持全面深化改革。只有社会主义才能救中国，只有改革开放才能发展中国、发展社会主义、发展马克思主义。这是中国历史发展的结论，是中国人民做出的明智选择。

行百里者半九十，奋斗路上战犹酣。中华民族伟大复兴，绝不是

① 林亦辰：《算好为官从政“三笔账”》，载《中国纪检监察报》，2017 年 11 月 28 日。

轻轻松松、敲锣打鼓就能实现的。把蓝图变为现实，实现中华民族伟大复兴的中国梦，仍需攻克新时代深化改革道路上的各种“娄山关”“腊子口”，我们必须准备付出更为艰巨、更为艰苦的努力。

改革是一场革命，能否坚持正确的政治方向，是对执政者和改革者政治智慧的考验。

改革，与革命相对，是社会发展变化的两种方式。与革命暴风骤雨式的变化不同，改革注重事物从量变到质变的演化，在现代政治社会中，改革是常态，是对旧有生产关系、上层建筑所作的局部或根本性的调整，是社会发展的强大动力。

但是，由于改革既涉及经济关系的调整，又涉及上层建筑的变化，在改革过程中，如果改革者没有政治定力，偏离了改革的正确发展方向，就会出现事与愿违的局面，导致政治悲剧的发生。

东欧国家长期坚持苏联社会主义模式，实行高度集中的经济政治体制和运行机制。东欧国家领导人把苏联模式视为社会主义国家建设的唯一正确的模式，没有根据国内形势的发展变化而及时进行调整改革，即使进行了改革，也只是局限于修修补补，头痛医头，脚痛医脚，没有从根本上革除这种体制的弊端。在改革遇到困难阻碍时无力排除，又转而完全否定这种模式，进而全面否定社会主义制度。正是长期僵化地对待社会主义，最终导致了东欧社会主义国家建设的失败。

苏联之所以会出现解体，是因为戈尔巴乔夫进行的“新思维”“改革”在“为了谁”这个问题上出现了政治性和方向性错误。

原苏共中央政治局委员利加乔夫曾对苏联作了这样的描绘：“什么是苏联？这是一个公正的政权，是工人、农民、知识分子的政权。

苏联时代，工人、农民、知识分子代表占 60%，现在议会中一个也没有。第二，苏联意味着经济命脉掌握在国家手中。第三，苏联意味着免费的住房、医疗与教育。第四，苏联制度意味着没有贫贱富贵之分，大家都是平等的。没有超富，也没有贫穷和赤贫。”①

然而，作为苏联改革的设计者，戈尔巴乔夫却认为“共产主义是一种几乎不可能实现的口号”，在他看来，“俄罗斯的悲剧，就在于马克思晚年时代已经死去的思想，却在 20 世纪初的俄罗斯被选择”。②基于这种思想，他执政的目标并不是为了人民利益坚持和发展社会主义，而是要打击社会主义，进一步消灭苏联，最后瓦解苏联共产党。

2010 年 7 月，俄罗斯电视台第五频道开播了一个名为《时代法庭》的电视辩论节目，其主题主要涉及苏联历史上有争议的问题。当辩论“布尔什维克是挽救了俄国还是葬送了俄国”这一问题时，72% 的电视观众和 88% 的互联网网民认为是布尔什维克挽救了俄国。当辩论“戈尔巴乔夫的改革是一场灾难还是走出绝境的出路”时，93% 的电视观众和 86% 的互联网网民认为，戈尔巴乔夫的“改革”是一场灾难。③

造成这场政治灾难的不仅有苏联“改革”的领导者，还有广大的执政者。俄罗斯科学院的一项权威调查显示：俄罗斯新社会精英出自原苏共的官僚，在最高领导层占到 75%，政党首领占 57.2%，议会领

① 李慎明总撰稿：《苏联亡党亡国 20 年祭——俄罗斯人在诉说》，社会科学文献出版社 2013 年版，第 98 页。

② [俄] 戈尔巴乔夫、[日] 池田大作：《20 世纪的精神教训》，社会科学文献出版社 2005 年版，第 384 页。

③ 李慎明总撰稿：《苏联亡党亡国 20 年祭——俄罗斯人在诉说》，社会科学文献出版社 2013 年版，第 67 页。

导占 60.2%，政府部门占 74.3%，地方领导占 82.3%。[①] 这表明，在苏联解体前，原苏联政权中的绝大多数执政者的政德已经发生了质的变化，他们从苏联人民的公仆变成了奴役人民的官僚。这种政德的变化，直接导致了苏联的解体。

1. 中国的改革是社会主义制度的自我发展和完善

中国的改革开始于 20 世纪 70 年代末期，1978 年党的十一届三中全会开启了中国改革的序幕。这次改革是当代中国发生的一次带有全局性变动的重大社会转型，朝着什么方向改革是一个根本性的大问题，不仅决定着改革本身的兴衰成败，而且关系着党、国家和民族的前途命运以及全体人民的幸福。

邓小平是中国改革开放和社会主义现代化建设的总设计师。他在 1984 年会见联邦德国总理科尔时指出，“我们要把改革当成一种革命，当然不是‘文化大革命’那样的革命”。[②] 这场改革是社会主义制度的自我发展和完善。

为什么要发展和完善社会主义制度呢？

我们常说，社会主义是比资本主义发展更高的阶段，比资本主义具有优越性。那么，这种优越性体现在什么地方呢？

邓小平指出：“社会主义的优越性归根到底要体现在它的生产力

① 李慎明总撰稿：《苏联亡党亡国 20 年祭——俄罗斯人在诉说》，社会科学文献出版社 2013 年版，第 114 页。

② 《邓小平文选》第 3 卷，人民出版社 2001 年版，第 81 页。

比资本主义发展得更快一些、更高一些，并且在发展生产力的基础上不断改善人民的物质文化生活。”[①]基于这种认识，邓小平把解放生产力、发展生产力视为社会主义的本质。

既然改革是社会主义制度的自我发展和完善，我们必须关注改革往哪个方向改的问题。邓小平特别强调指出：“在改革中坚持社会主义方向，这是一个很重要的问题。”在他看来，改革能否坚持社会主义方向，主要看两个问题：其一，是否坚持以公有制占主体，其二，是否坚持共同富裕。这两个问题是改革中必须坚持的社会主义的根本原则。违背了根本原则，改革就会迷失社会主义方向。如果那样的话，“国家要受损失，人民要受损失，人民不会赞成，首先是八亿农民不会赞成”。[②]

党的十八大以来，习近平总书记反复强调，全面深化改革必须牢牢把握方向。他在中共十八届三中全会第二次全体会议上指出，我们党领导的改革历来都是全面改革，但问题的实质是改什么、不改什么，有些不能改的，再过多长时间也不能改，不能把这说成是不改革 。他告诫全党，我们深化改革的目的是为了满足人民群众日益增长的对美好生活的向往，而不是为了迎合某些人的“掌声”，决不能把西方的理论、观点生搬硬套到自己身上。

中国的改革是在中国特色社会主义道路上不断前进的改革，既不能走封闭僵化的老路，也不能走改旗易帜的邪路。是否坚持社会主义道路和党的领导，既是改革能否保持正确发展方向的要害，也是对执

---

① 《邓小平文选》第3卷，人民出版社2001年版，第63页。
② 《邓小平文选》第3卷，人民出版社2001年版，第83页。

政的中国共产党人政治智慧的考验。

2. 改革是一场革命，要求执政者和改革者既要有改革勇气，更要有担当精神

邓小平指出："正确的政治路线要靠正确的组织路线来保证。中国的事情能不能办好，社会主义和改革开放能不能坚持，经济能不能快一点发展起来，国家能不能长治久安，关键在人。"[①] 这里所说的人，就是我们今天所说的关键少数，是深化改革的组织者和领导者。

张维为在《中国震撼：一个"文明型国家"的崛起》中曾讲了这样一个故事。

2009 年 1 月 18 日，张维为在布鲁塞尔参加了一个关于非洲危机治理的研讨会，在会后的晚宴上，来自中非共和国的资深学者萨瓦纳对他说："我也认为治理国家关键是要有优秀的领导人，而我们最大的问题就是没有优秀的领导人。我们国家有个笑话说：中非的自然资源非常丰富，引来了所有邻国的妒忌。他们就去问上帝：为什么您创造世界的时候把最好的东西都给了中非？没想到上帝是这样回答的：你们不用担心，我虽然给了他们资源，但没有给他们好的领导人。"[②]

这虽然是一个故事，但它却说明了领导的重要性。因为，群雁高飞，离不开头雁的引领；千舟竞渡，需要旗舰的领航。

邓小平之所以被称为中国改革开放的总设计师，就在于他以强烈

---

① 《邓小平文选》第 3 卷，人民出版社 2001 年版，第 380 页。
② 张维为：《中国震撼：一个"文明型国家"的崛起》，上海人民出版社 2011 年版，第 85 页。

的历史使命感和时代责任感，开启了中国改革开放的大幕，为中国现代化建设规划了三步走发展战略（即第一步，从 1981 年到 1990 年实现国民生产总值比 1980 年翻一番，解决人民的温饱问题；第二步，从 1991 年到 20 世纪末，使国民生产总值再增长一倍，人民生活达到小康水平；第三步，到 21 世纪中叶，人均国民生产总值达到中等发达国家水平，人民生活比较富裕，基本实现现代化），使中国走上了改革开放的快车道。

1985 年 4 月，邓小平在谈到改革时说：“我们确定的原则是：胆子要大，步子要稳。所谓胆子要大，就是坚定不移地搞下去；步子要稳，就是发现问题赶快改。……我们不靠上帝，而靠自己努力，靠不断总结经验，坚定地前进。总之，现在我们干的是中国几千年来从未干过的事。这场改革不仅影响中国，而且会影响世界。”①

1992 年初，邓小平在南方谈话时又强调：“改革开放胆子要大一些，敢于试验，不能像小脚女人一样。看准了的，就大胆地试，大胆地闯。深圳的重要经验就是敢闯。没有一点闯的精神，没有一点‘冒’的精神，没有一股气呀、劲呀，就走不出一条好路，走不出一条新路，就干不出新的事业。”②

党的十八大以来，习近平总书记作为新时代中国改革开放的领航人，之所以能够成为中国人民和中华民族的主心骨，在新时代的浩荡东风里，推动承载着中国人民伟大梦想的航船破浪前进，不断取得一个又一个让世人瞩目的成就，就在于他始终牢记“为中国人民谋幸福，

① 《邓小平文选》第 3 卷，人民出版社 2001 年版，第 118 页。
② 《邓小平文选》第 3 卷，人民出版社 2001 年版，第 372 页。

为中华民族谋复兴”的初心与使命，始终保持着立党为公、执政为民的博大胸怀和责任担当。

3. 改革是一场革命，要求执政者和改革者必须善于把握守成和变革的分寸，凝聚人民共识

汉代王符说：“大鹏之动，非一羽之轻也；骐骥之速，非一足之力也。”就是说，大鹏冲天飞翔，不是靠一根羽毛的轻盈；骏马急速奔跑，不是靠一只脚的力量。中国全面深化改革，实现国家治理体系和治理能力的现代化，必须依靠 13 亿多人民的力量。

然而，改革是利益的调整，改革能否成功，在很大程度上取决于改革者能否统一人们的思想，代表人民的利益，凝聚人民的共识。

张之洞是清代洋务运动的代表人物，他具有很强的改革意识。但面对清朝末年各种政见分歧、社会矛盾交织、社会利益冲突而很难达成社会共识的现实，他感叹地说：“旧者因噎而食废，新者歧多而羊亡；旧者不知通，新者不知本。不知通则无应敌制变之术，不知本则有非薄名教之心。”

纵观历史上的改革，凝聚人民共识对于改革成功至关重要。战国时的商鞅变法、北宋时期的王安石变法，明代的张居正变法，虽然在当时历史条件下都取得了一定的成效，但最终都由于社会矛盾不断激化、利益关系错综复杂，加之统治集团内部盘根错节、相互倾轧，不仅改革都失败了，他们也都落得个身败名裂的下场。

在深化改革的过程中，改革者要有强烈的公德意识，敢于担当，

勇于作为，善于团结一切可以团结的力量，调动一切可以调动的积极因素，积极寻找并充分运用社会最大公约数，最大限度地凝聚社会共识，推动改革不断向纵深发展，最终实现中华民族伟大复兴的中国梦。

改革者要有强烈的人民意识。毛泽东指出：“为什么人的问题，是一个根本的问题，原则的问题。”[①]苏联戈尔巴乔夫进行的“新思维改革”之所以因失去人民的支持而造成了亡党亡国的政治悲剧，其核心原因就在于，改革在“为了谁”这个根本性问题上迷失了方向。

邓小平曾指出，衡量改革成败的根本判断是“三个有利于”，即“是否有利于发展社会主义社会的生产力，是否有利于增强社会主义国家的综合国力，是否有利于提高人民的生活水平”。

习近平指出，改革开放之所以得到广大人民群众衷心拥护和积极参与，最根本的原因在于我们一开始就使改革开放事业深深扎根于人民群众之中。

正是有了强烈的担当意识和人民意识，才使中国共产党人正确把握了守成和变革的分寸，最大限度地凝聚了人民共识，这也正是我们能够战胜改革进程中任何困难和挑战的力量所在。

4. 改革是利益的再分配，要求把权力装进制度的笼子里

在不断深化改革的进程中，只有不断强化改革者的政德修养，才能有效防止为政者以改革之名异化权力，利用改革之名以权谋私。

---

① 《毛泽东选集》第 3 卷，人民出版社 1991 年版，第 857 页。

公共权力掌握着对有限资源的分配权，对人具有很大的诱惑力。那么，如何才能抵制这种诱惑呢？这是古今中外历代统治者都在思考的一个问题。

明太祖朱元璋称帝以后，曾问过他的大臣们这样一个问题：“天下何人最快乐？”

有的说“金榜题名者最快乐”，有的说“功成名就者最快乐”，也有的说“富甲天下者最快乐”……

群臣各抒己见，众说纷纭，朱元璋听了都摇头。

这时，一位老臣说：“臣以为，畏法度者最快乐。”

朱元璋听后频频点头称是。

畏法度者最快乐，是一句极具哲理的话，它提醒人们，任何人对腐败都不具有天然的免疫力，单纯依靠人们自己来约束自己是不行的，必须依靠法治。

党的十八大以来，虽然“打虎”“拍蝇”呈高压态势，但腐败现象还始终存在。把权力装进制度的笼子里，要求各级党员干部自觉学习并认真执行《中国共产党廉洁自律准则》和《中国共产党纪律处分条例》，明确法纪底线；必须严明党的政治纪律，强化党内监督，发挥巡视利剑作用；必须坚持高标准和守底线相结合，既要注重规范惩戒，更要引导人向善向上，发挥理想信念和道德情操引领作用。

四、讲政德，其才方能用得其所，其功方能垒土成台

党的十九大报告指出，要“坚持党对一切工作的领导”，并把它作为新时代坚持和发展中国特色社会主义基本方略的第一条，强调了“党政军民学，东西南北中，党是领导一切的”，提出新时代党的建设总要求首要的是“坚持和加强党的全面领导”。今天我们党从立法、执法到司法，从中央部委到地方、基层，都在党的统一领导之下。在我国的公务员队伍中党员比例超过 80%，县处级以上领导干部中党员比例超过 95%。一个时期以来，从党中央的权威和领导，到地方和部门，再到党对具体领域和方面工作的领导等，都存在党的领导弱化问题。可以说，我们党在全面执政中，如果哪个领域、哪个方面、哪个环节缺失了或者说弱化了，都会削弱党的力量，损害党和人民事业。所以说，做官先做人，以政德为先。党员干部只有明大德、守公德、严私德，其才方能用得其所，其功方能垒土成台。

习近平总书记在十三届全国人大一次会议上的讲话，4000 多字的内容中，84 次提到“人民”，如“人民是真正的英雄”“坚持人民主体地位”“国家一切权力属于人民”……赢得了现场如潮的掌声，更激起回响、激发共鸣，焕发亿万人民的坚定信心和奋斗激情。

天地之间有杆秤，那秤砣就是老百姓。无论哪个国家、哪个朝代，凡是为人民做好事、办实事、解难事的清官，不仅当地的老百姓会永远记住他，而且会对后人产生深远影响。正如 1959 年 8 月，毛泽东视

察浙江金华时曾对当时的永康县委书记所说："永康有个方岩，方岩有个胡公大帝。胡公大帝不是神，而是人。他姓胡名则，是北宋的一个清官，为人民做了很多好事，人民纪念他，所以香火长盛不衰。我们共产党的干部也应该多做好事，为官一任，造福一方嘛！"

毛泽东口中的胡则，字子正，北宋婺州永康（今浙江金华永康）人，为宋朝婺州第一个进士，是宋太宗、宋真宗、宋仁宗三朝的名臣，他一生为官清廉，心系百姓，被老百姓尊称为"胡公"。胡则为官四十余年，先后辗转河南、山西、广西、浙江、江西、福建、安徽、陕西等地。历任按察江淮、京西、广西、陕西等六路使节，并曾担任户部员外郎、礼部郎中、吏部郎中、工部侍郎、刑部侍郎等职，有"十握州符，六持使节，选曹计省，历践要途"之称。公元1025年，胡则出任福州知州。因为内忧外患，朝廷财力不支，于是打起了这些官庄田的主意，试图收走这些已经被改造成良田的"官庄田"。为此，胡则先后三次犯颜直谏，直到朝廷诏免此事。他在奏章上写道："百姓疾苦，刺史当言之。而弗从，刺史可废矣。"公元1026年，胡则出任杭州知州。到任第三天，胡则就带上了熟悉水务的幕僚，沿钱塘江两岸，对江堤海塘进行勘查。不久，胡则发布主政杭州的第一道知州令——修筑钱塘江海塘。公元1030年，大宋朝国库空虚，胡则入京，代理三司使，执掌财权。为改善国家财源，胡则提出了"通商五利之法"，改官盐专卖为商销。公元1032年，胡则已是古稀之年了。江南旱情还在继续，于是他又接连上书，奏请永免江南各地的"身丁钱"。胡则为官四十七载，却身无长物。在勤廉为民的同时，胡则也十分注重后代的培养。早年在永康方岩建读书堂，在寿山坑建重楼，以方便后代读书。晚年又和其弟胡赈创立了胡氏祖训，激励胡氏后人崇德向善，兴家报国。公元1039年，胡则病逝杭州。范仲淹在胡则墓志铭中写道：“进以功，退以寿，义可书，石不朽，百年之为兮千载后。”

我国春秋时期政治家晏婴也曾讲道：“廉者，政之本也；谦者，德之主也。”四十年间，廉洁从政，清白做人，从不接受礼物，大到赏玩住房，小到马车衣服，曾三次谢绝齐景公送的一千两黄金。不仅如此，他还常常把自己的俸禄送给亲戚朋友和劳苦百姓，他讲到“意莫高于爱民，行莫厚于乐民”，意思是没有比爱护百姓更高明的想法，没有比让百姓快乐更宽厚的做法，晏子作为一个古代官吏，能有如此可贵的境界和操守，给予后人重要的启迪和借鉴意义。胡则以自己的实际行动诠释了晏子的这一为政理念。习近平总书记在担任福州市委书记时，曾在1990年第9期《领导科学》杂志上发表过《为官之道》一文。他指出，“为官之本在于为官一场，造福一方”。造福一方就是造福于民，要保持同群众的血肉联系，要有忧民、爱民的真挚情感。

无论是晏子的治国理政还是胡则的为民情怀，都值得每一名党员干部学习。作为党员干部，必须牢固树立群众观点，自觉坚持“全心全意为人民服务”的宗旨、树立勤政爱民的思想品行，并升华为一种坚定信仰。如今，在实现中华民族伟大复兴中国梦的征程中，党员干部更应该胸怀天下、心中有人民，吃苦在前享受在后，用自己的实际行动，让广大人民群众感受到变迁、触摸到幸福。这是对我们党全心全意为人民服务宗旨的深刻认识和笃诚践诺。

近年来，一个个落马的官员都和腐败、金钱、美女等沾着边，大到原中央政治局常委级大人物，小到村干部及组长，究其根源，就是没有坚守“清白做人、干净做事”的底线。古人云：吏不畏吾严而畏吾廉，民不服吾能而服吾公。为官想要赢得人民群众的信任和支持，自身必须清正廉洁，要想干净做事、清白做人就要在思想上筑起拒腐防变的坚固防线，要做到修德、自省、笃行、慎独。

《礼记·大学》中有云：“古之欲明明德于天下者，先治其国；欲治其国者，先齐其家；欲齐其家者，先修其身；欲修其身者，先正其心；欲正其心者，先诚其意；欲诚其意者，先致其知，致知在格物。物格而后知至，知至而后意诚，意诚而后心正，心正而后身修，身修而后家齐，家齐而后国治，国治而后天下平。”古代那些要想在天下弘扬光明正大品德的人，先要治理好自己的国家；要想治理好自己的国家，先要管理好自己的家庭和家族；要想管理好自己的家庭和家族，先要修养自身的品性；要想修养自身的品性，先要端正自己的思想；要端正自己的思想，先要使自己的意念真诚；要想使自己的意念真诚，先要使自己获得知识，获得知识的途径在于认知研究万事万物。通过对万事万物的认识研究，才能获得知识；获得知识后，意念才能真诚；意念真诚后，心思才能端正；心思端正后，才能修养品性；品性修养后，才能管理好家庭家族；家庭家族管理好了，才能治理好国家；治理好国家后天下才能太平。

纵观历史，科举制度在中国实行了一千三百多年，选拔出十万名以上进士，百万名以上举人。从这里也走出了许多流芳百世的清官廉吏，林则徐就是其中一人，在江南贡院考中举人后，又赴京考中进士二甲第四名，由此开始了官宦之旅。林则徐虽身居高位，但廉洁奉公、刚正不阿，深受百姓爱戴。他厌恶官场贪腐风气，立场鲜明倡导清廉。

他曾三次担任江南贡院主考官，留下了“三度亲临棘闱中，雷厉风行革弊政”的佳话，使科场风气为之一变。道光十二年，林则徐初次监临江南贡院，制定了考场规约十二条，要求考生不许夹带，甚至带来的干粮都必须切开，以防作弊。考生进入考场要经过三道门的严格检查。如果前两道没查出问题，最后一道发现问题，那么前两道门的工作人员将以玩忽职守治罪。作弊考生将示众，并革除已有的功名。林则徐还曾发过两次传牌。一次是赴湖北任布政使之前，向沿途官员宣布途中一切费用自理，官员只在码头接见，不准迎来送往。另一次是赴广东查禁鸦片前，告示出行轻车简从，沿途接待只用家常便饭，严禁大吃大喝。林则徐律己严格，以身作则，处处为人表率，对自己家人的要求也是十分严格。在任陕西巡抚期间，林则徐曾为三个儿子写家产分割书，称自己为官三十余年，只留有一点房产可供分取，现银则无可分。他告诫家人“家产微薄，得钱不易，不节俭就难以应付家用。只有通过辛勤劳动和俭朴度日，才能够挣下家业。不要迷惑心智，忘记当初的艰苦。如果因为奢华放荡而败坏家业，那么就不是我的子孙！”在林则徐身上能清晰地看到古人“修身、齐家、治国、平天下”的胸怀与抱负。[①]

“清贫，洁白朴素的生活，正是我们革命者能够战胜许多困难的地方！”读过方志敏《清贫》这篇文章的人，都会被文中的这句名言所震撼。寒冬腊月，红军领导人方志敏穿着一件单薄而破旧的棉袄去参加苏维埃代表大会。这让身穿新棉袄的代表们深感震撼，于是要给

① 冯家红、李晓英：《江南贡院的故事》，载《中国纪检监察报》2018 年 3 月 23 日。

他换件新的。但方志敏婉言谢绝，在寒夜的灯下自己一针一线地将棉袄缝补好。当方志敏发现自己吃的是白米粥，而大家吃的是米糠和野菜时，立刻让警卫员把粥撤回，和大家一起吃糠咽菜。清贫与奉献是方志敏精神的闪光点。方志敏担任过省委书记、省苏维埃政府主席，但素以清廉自持，从没有奢侈过。方志敏被捕的第一天，两个国民党士兵，满以为在他身上能发个意外之财，结果连一个铜板都没有搜到。当国民党士兵拿手榴弹威胁他掏出钱财时，他大义凛然地说："我不比你们国民党当官，个个都有钱，我今天确实是一个铜板也没有，我们革命不是为着发财啦！"在艰苦卓绝的革命岁月，正是因为有了千千万万个无私无畏的方志敏，我们党才赢得了人民的拥护和爱戴，获得了革命胜利的不竭动力。毛泽东同志由衷地称赞他是"以身殉志，不亦伟乎"的人民英雄。

当代诗人臧克家为纪念鲁迅逝世十三周年写了一首抒情诗《有的人》，其中有这样一段：有的人活着，他已经死了；有的人死了，他还活着。有的人骑在人民头上："呵，我多伟大！"有的人俯下身子给人民当牛马。有的人把名字刻入石头，想"不朽"；有的人情愿作野草，等着地下的火烧。有的人，他活着别人就不能活；有的人，他活着为了多数人更好地活。

"信念"，是个极为普通又极为神奇的东西，它能使人不忘初心，牢记使命。2017 年度感动中国候选人物廖俊波，获全国优秀县委书记、全国优秀共产党员称号，第六届全国道德模范敬业奉献奖，出差途中因公殉职，年仅 49 岁。中宣部追授廖俊波"时代楷模"荣誉称号。他出身普通家庭，毕业后当过中学老师、乡镇干部，在县乡两级做过主要领导，在政和县工作的几年，始终牵挂群众，惦记着群众的冷暖安危，他把群众当亲人，用心用情为群众办实事、解难事，用自己的“辛勤指数”换来群众的“幸福指数”。始终把工作当事业干，乐在其中。所经历的岗位，都是“背石头上山”的重活累活，需要比别人付出更多的艰辛和努力。2011 年 6 月，廖俊波任政和县委书记。政和地处山区，交通闭塞，基础薄弱，发展长期滞后。面对经济发展长期全省倒数第一的政和县，廖俊波不打退堂鼓，不当太平官，把担当放在首位，实地调研两个月，思考琢磨政和发展出路何在，率领全县党员干部撸起袖子加油干。短短 4 年，政和山乡巨变，全县财政总收入从 2010 年的 1.6 亿元增加到 2014 年的 4.9 亿元，GDP、固定资产投资、规模以上工业产值均实现翻番，连续 3 年进入全省县域经济发展“十佳”，实现了贫困县脱胎换骨的蜕变。在武夷新区期间，廖俊波带队 15 次赴京，和鲁能集团、中国人寿、浪潮集团等达成投资意向上百亿元，同事们称他是武夷新区的“最帅推广大使”。他到武夷新区任职后公开表态：“谁要是打着我的旗号搞工程，你们要马上拒绝，我没有这样的亲戚！”生活中，他始终廉洁自守，加班熬夜是常态，却从不给自己开小灶。他十分注重家风家教，爱人工作 27 年，至今仍然在教学第一线。一家人都住在普通居民楼里，家中装修简朴、陈设简单。同事朋友们都说，他浑身阳光、清澈透亮，满满的都是正能量。

“学所以益才也，砺所以致刃也。”我们就是要善于向先进典型学习，在一点一滴中完善自己，从小事小节上修炼自己，以自己的实际行动学习先进、保持先进、赶超先进。“杨善洲，杨善洲，老牛拉车不回头，当官一场手空空，退休又钻山沟沟；二十多年绿荒山，拼了老命建林场，创造资产几个亿，分文不取乐悠悠……”党员干部的楷模杨善洲，60年坚守共产党人精神家园；从“厅官”到“村官”，从新蔡县大吴庄村到确山县竹沟镇西王楼村，吴树兰响应省委号召，始终牢记一名共产党员和领导干部的使命和责任，忠实践行着全心全意为人民服务的根本宗旨，带领贫困群众奋力拼搏、艰苦创业，走上了稳定的脱贫路；“不忘初心跟党走，乡亲不富誓不休”，河南省辉县市张村乡裴寨村党支部书记裴春亮把昔日的省级贫困村发展成为远近闻名的新型城镇化社区，实现了“人人有活干、家家有钱赚、户户是股东”的裴寨梦；“村官”第二个三年任期满了要去哪里？“留在黑土麦田”，“耶鲁哥”秦玥飞的坚定回答“愿意做中国‘村官’”……许许多多的先进典型不断地印证着，只有把人民放在心中最高的位置，坚持“以人民为中心”这个根本思想，把为“人民的美好生活”不懈奋斗化为坚定的行动，我们才能让全体中国人民和中华儿女在实现中华民族伟大复兴的历史进程中共享幸福和荣光。

道德是立身之本，政德是立国之基。“才者，德之资也；德者，才之帅也。”只有明大德，锤炼坚强党性，在大是大非面前旗帜鲜明而不模棱两可，在风浪考验面前无所畏惧而不临阵退缩，在各种诱惑面前立场坚定而不“缴械投降”；只有守公德，强化宗旨意识，对人民群众满怀真情而不感情淡漠，在矛盾纠纷面前迎难而上而不明哲保身，对个人名利淡泊处之而不热衷追逐；只有严私德，严格约束自己的操守和行为，在道德操守上慎独慎微而不言行不一、底线失守；党员干部只有把立德、修德、践德作为终身课题，在树立高尚的政德上起好表率作用，才能真正做到其才用得其所，其功垒土成台。

第二章

“为政以德，譬如北辰”

Chapter 2

做官先做人，从政德为先。做人，应该先立德；做官，应该以德从政。党的十八大以来，领导干部作风建设一直是以习近平同志为核心的党中央常抓不懈的大事。在新的起点上，2018年3月10日，习近平总书记参加十三届全国人大一次会议重庆代表团审议时，发表重要讲话：“领导干部要讲政德。政德是整个社会道德建设的风向标。立政德，就要明大德、守公德、严私德。”

一、中华优秀传统文化富含政德养分

著名哲学家康德说过，“世界上有两件东西能够深深地震撼人们的心灵，一件是我们心中崇高的道德准则，另一件是我们头顶灿烂的星空”。在他看来，道德具有和星空一样的震撼意义。

其实，中国古人早就说过“百行德为首”。那么，什么是“德”呢？“德”，就是道德。而古人讲的德行就是修身，讲得通俗一点就是如何做人，“自天子以至于庶人，壹是皆以修身为本。”何谓修身，乃曰做人之道理也。古人讲的修身也是做人，也是个人品德、个人情操的培养和磨炼。

古人重视德行。《易·节》中就提到：“君子以制数度，议德行。”唐朝经学家孔颖达对德行的理解是：“德行谓人才堪任之优劣。”晋代葛洪在《抱朴子·循本》中认为：“德行文学者，君子之本也。”南朝宋·刘义庆在《世说新语》中专门有一个篇章《世说新语·德行》来说德行。宋朝王安石在《上仁宗皇帝言事书》中提到：“朝廷礼乐刑政之事皆在于学，士所观而习者，皆先王之法言德行治天下之意。”

在《红楼梦》第九十二回，冯紫英进贾府推介四件洋货，其中有一件母珠。贾政赏玩过后联想到家族危机：“像雨村算便宜的了。还有我们差不多的人家就是甄家，从前一样功勋，一样的世袭，一样的起居，我们也是时常往来。不多几年，他们进京来差人到我这里请安，还很热闹。一回儿抄了原籍的家财，至今杳无音信，不知他近况若何，心下也着实惦记。看了这样，你想做官的怕不怕？”又论自家道：“虽无刁钻刻薄，却没有德行才情。白白的衣租食税，那里当得起。”

贾政感叹人世荣枯，仕途得失，终属难定。而在谈起江南甄家时不免有兔死狐悲之叹。评价自家人时说：“虽无刁钻刻薄，却没有德行才情。”这也恰是贾政对自己的清晰认识。他自己庸庸碌碌，外不能青云直上，内不能理财齐家。

1. 中华民族在“德行”的培养上有着优良、悠久和深厚的文化底蕴

大家都熟悉的孔子，弟子三千，贤人七十二，他非常重视德行的培养，在教学中始终把“德”放在第一位。在《子贡问政》中，子贡问孔子，要建立强大的国家主要靠什么，孔子说足兵、足食、民信。足兵就是要有强大的军队；足食就是要国富民安，有很多的粮食，非常富裕；民信，就是老百姓的信仰。子贡问他，如果要去掉一条，去掉哪一条比较好，孔子宁愿不要兵不吃饭，唯独保留了民信。他说：“自古皆有死，民无信不立。”没有粮食无非就是一死，从古至今谁不死啊，所以死亡不是最可怕的，最可怕的是国民对这个国家失去信仰以后的崩溃和溃散。国民的道德、信仰是支撑一个国家的精神支柱，这就是

孔子的一种政治理念，他认为道德和信仰的力量足以把一个国家凝聚起来，国人讲道德，民众有信仰，这个国家才有希望。

人无德不立，国无德不兴。道德对于个人修身立业具有重要意义，同时，道德又是社会发展进步的催生剂，在很大程度上决定着社会的发展趋势。一个国家和民族，只有崇德向善成为主流，并持之以恒地熏陶、传播和教化，才能产生强大的向心力。尤其是社会转型期，更需要提升全民道德文明素质，帮助人们克服心理焦虑、减轻精神负荷、凝聚建设性正能量，为改革和建设创造良好的社会软环境。

普通农妇刘女士出于好心搭载同村李老太太及其孙女，不料路上三轮车侧翻致李老太太伤情严重。对此，刘女士主动提出给予其经济赔偿却遭对方家属四次坚决拒绝。这一感人故事的背后，折射出的是社会公德之美，它犹如一股清泉，浸润了我们每一个人的心田。

社会转型期价值观念呈现多元多样多变的复杂局面，思想道德的防线不可避免地受到冲击。如果说，无良奸商的毒食品、毒工厂，麻木不仁的见死不救，恩将仇报的“救人反被讹”等极端事件频频冲击社会道德底线、刺痛人心，那么，日常生活中的各种道德失范和暗箱操作，则销蚀着人与人之间的社会信任。多年来，在媒体历次“两会调查”中，社会道德建设成为最受关注的热点话题之一，这表明人民群众热切期待重建道德价值坐标，维护社会诚信。

做官先做人，做人必修身。党员要讲党性，但他首先是一个人，是一个公民，因此，他首先要讲德行。德行是党性的基础，没有良好的德行，就很难有坚强的党性。很难设想，一个没有良好的社会公德的人，会是一个有坚强党性的共产党员。

“道不可以无始”——道德修养本是保持党员干部党性纯洁的基础。《大学》中所说的“正心、修身、齐家、治国、平天下”，意思就是个人做事之前需要先“正心、修身”，以自我完善为基础，这也是达到“齐家、治国、平天下”的基础所在，基础不牢，则纵使广厦千层，也必然在一夜之间轰然倒塌。每一名共产党员都是党的一个肌体细胞，只有每个细胞健康，才能保证肌体充满活力。我们党纯洁与否，在群众眼中，就是身边每一名党员、特别是党员干部的一言一行是否纯洁。尤其是党员干部，自从入党的那天起，就必然具有了一个社会人和共产党人的双重属性。作为一名普通的社会人，必须接受和完善自我，加强德行的修养，以促使个人的道德品格完善。而作为一名共产党人，党员干部在其位，应谋其政，需要接受比一般社会人更高的条件要求，要做到始终把人民群众的利益放在第一位，全心全意为人民服务，这样才能打牢党员干部保持党性纯洁的基础。

德乃党性之基、为政之本、作风之源、廉洁之根。什么是政德？其实就是政治品德和为政之德。正所谓“政者，正也”，为政者德行的高低，在很大程度上决定了政令的实施效果。

2. 为官重德，是我国政治文明发展中的优良传统

受传统文化的深刻影响，中国历来十分重视官员的政德修养，将政德建设作为治国理政、确保国家长治久安的重要措施；而一代又一代名贤良吏，更以儒家仁政思想为准绳，对政德修养进行积极探索，为后人留下了取之不尽、用之不竭的政治智慧。

在儒家文化经典中，蕴含着丰富的“官德”内涵。比如《礼记》中的“大道之行也，天下为公，选贤与能，讲信修睦”；《论语》中的“为政以德，譬如北辰，居其所而众星共之”；《荀子》中的“德不称位，能不称官，赏不当功，罚不当罪，不祥莫大焉”；《左传》中的“国家之败，由官邪也；官之失德，宠赂章也”。

有人将传统政德的基本内涵概括为“廉、洁、公、善、勤、慎”几个字。不贪不占等叫“廉”，不污不染等叫“洁”，忠诚、公正、担当等叫“公”，仁慈、诚信、正派等叫“善”，勤劳、刻苦、敬业等叫“勤”，慎独、慎思、慎友、慎言、慎行等叫“慎”。

在古代对官员的考核中，道德评价居于首位，高于绩效、才能。传统中国以道德为终极关怀，道德评价是对每一个官员最重要的考量。因此，历朝历代在对官员进行考评时，都将道德作为首要的、主要的内容。“以德治官”“以德配天”“明德慎刑”的“官德”思想，早在西周时期就已经体现出来。据传，西周时就开始考评官员的道德。如《周礼》所载：“以听官府之六计，弊群吏之治：一曰廉善，二曰廉能，三曰廉敬，四曰廉正，五曰廉法，六曰廉辨。”其中的“廉”字，不同人有不同的解释，我们认为这里应做“考查”解；而六计中的善、敬、正三目，颇类儒家的道德要求。

习近平总书记曾引用宋代吕本中的名言：“当官之法，惟有三事：曰清、曰慎、曰勤。”不难发现，为官清清白白、为政勤勤恳恳、为人慎言慎行，正对应着清、勤、慎的要求。这三德，既是优秀传统文化中治理资源的承续，更为今天党员干部履职尽责树立了具有时代内涵的价值坐标，值得每一个党员干部铭记在心。

加强道德修养，是为官做人的基石和保障。习近平总书记指出，中国共产党是优秀传统文化的继承者、传承者，加强道德修养是共产党人的必修课。德不修，就难以立身，就可能走上邪路。正如有分析所指出的：“现在干部出问题，多数不是出在‘才’上，而是出在‘德’上。人民群众对干部的意见，主要集中在‘德’上。”2016年10月27日中国共产党第十八届中央委员会第六次全体会议通过的《关于新形势下党内政治生活的若干准则》也明确指出，党员干部要践行“三严三实”，加强道德修养，认真践行社会主义核心价值观。加强领导干部道德修养，其核心是加强政德修养。

严以律己，廉洁奉公是古往今来为官从政者的首要品德，但要做到位十分不易，所以元好问有诗句说：“能吏寻常见，公廉第一难。”人格有等差，官德有品位，古人也将廉洁分出等级。明宣宗时监察御史薛瑄《从政录》中就有这样的论断：“世之廉者有三，有见理明而不妄取者，有尚名节而不苟取者，有畏法律保禄位而不敢取者。见理明而不妄取，无所为而然，上也；尚名节而不苟取，狷介之士，其次也；畏法律保禄位而不敢取，则勉强而然，斯又为次也。”薛瑄的说法与我们今天所讲的官员“三不腐”大致相吻合。上也，即“不想腐”；其次也，即“不能腐”；又为次也，即“不敢腐”。

我们党历来高度重视党员干部思想道德建设。中华人民共和国成立不久，毛泽东同志和他的一个亲属谈话时说：“治国就是治吏，礼义廉耻，国之四维，四维不张，国将不国”；邓小平同志要求党员尤其是党的高级干部要身体力行共产主义思想和共产主义道德；江泽民同志提出了“以德治国”的思想；胡锦涛同志反复强调，全党同志要进一步加强道德修养，做到为民、务实、清廉，对共产党人的“官德”做出了精辟的概括。

习近平总书记关于政德建设的思想，是他长期身体力行、深入思考的结果。早在2004年，他在《用权讲官德 交往有原则》中就指出，所谓官德，就是从政道德，是为官当政者从政德行的综合反映。2005年，在《弘扬“红船精神” 走在时代前列》一文中，他又提出，坚持人民利益高于一切的政德，真正干出有利于党和人民事业的政绩。此后，在《之江新语》多篇文章中，他多次谈到这个话题，强调为政做官的政德，需要“修心治身”，而且要先有修心治身的道德，然后才会有经世治国的政德。要求党员干部要读书立德，要常修为政之德、常思贪欲之害、常怀律己之心，自觉做到为政以德、为政以廉、为政以民。担任总书记之后，他也仍然强调政德，2013年11月26日在山东曲阜考察调研时指出，“国无德不兴，人无德不立”，要“激发人们形成善良的道德意愿、道德情感，培育正确的道德判断和道德责任，提高道德实践能力尤其是自觉践行能力，引导人们向往和追求讲道德、尊道德、守道德的生活，形成向上的力量、向善的力量”。可以看出，习近平总书记关于政德建设的思想是一以贯之、不断丰富和发展的。

二、整个社会道德建设的风向标

习近平总书记参加十三届全国人大一次会议重庆代表团审议时，

就政治生态和领导干部政德发表重要讲话，强调“领导干部要讲政德”“政德是整个社会道德建设的风向标”，并从明大德、守公德、严私德三个方面对如何讲政德提出了明确要求，传递了新时代治国理政的思想启示。

政德，即从政道德，具体表现在从政者的价值观念、思维方式、道德品行等方面。“为政以德，譬如北辰，居其所而众星共之。”政德的确堪称是整个社会道德建设的风向标，当政者的道德品质影响着整个社会的道德水平。讲政德是从政者的应有之义，领导干部作为“关键少数”更要讲政德。《论语集注》有云：“德者得也，得其道于心而不失之谓也”，立德就是要将正道即道德本质（利他精神和牺牲精神）内化于心、外化于行，确保自身与众人各得其益。

习近平总书记强调的明大德、守公德、严私德，为党员干部更好地履职尽责确立了具有时代内涵的价值坐标，每一名党员干部都要铭记于心。

1. 明大德，在立根固本中挺起精神脊梁

“求木之长者，必固其根本。”对党员干部来说，对党忠诚，胸怀理想，坚守信仰，立场坚定，是最大的“德”。讲政德，首先要明大德。

共产党人的理想信念是什么？习近平总书记说：“对马克思主义的信仰，对社会主义和共产主义的信念，是共产党人的政治灵魂，是共产党人经受住任何考验的精神支柱。”

理想信念是共产党人精神上的“钙”，理想信念坚定，骨头就硬；没有理想信念，或理想信念不坚定，精神上就会“缺钙”，就会得“软骨病”，就可能导致政治上变质、经济上贪婪、道德上堕落、生活上腐化。

明大德，最关键的是要按照习近平总书记的要求，铸牢理想信念、锤炼坚强党性，在大是大非面前旗帜鲜明，在风浪考验面前无所畏惧，在各种诱惑面前立场坚定。修好这个大德，党员干部立身做人、为官从政才会有准星，履职尽责、干事创业才会有动力，抵制歪风、保持干净才会有底气。

大德明则内心坚定。东莞市中堂镇潢涌村党工委书记黎锡康，10多年来，以对待家人的情怀去温暖潢涌村的每一个村民，以敢于担当的责任引领着潢涌村民不断走向幸福，去创造属于他们的更加美好的未来。

在潢涌村，有困难找黎书记，找村委会，已经是全村人的共识。“生病找书记、没工作找书记、房子年久失修找书记”，只要是村民有事相求，黎锡康从不推脱和敷衍，他就像一个“大家长”，细心呵护着村里的每一个家庭。

能做到把全部的精力放在党的事业中，几十年如一日地奋斗，靠的是什么？是不忘初心、牢记使命的精神力量，是对党和人民事业的无限忠诚，是心中的理想信念，是心中的贫困百姓。正是“心中有信仰，脚下有力量”。

大德不明则问题丛生。理想信念从根本上决定着党员干部的作风状况和行为方式。理想信念方面一旦出现问题，这样那样的出轨越界、跑冒滴漏就在所难免。现实当中，一些党员干部正是由于理想信念的动摇，才会心为物役，信奉金钱至上、享乐至上，由小节失守直至大节有亏，最终落得一个被人唾弃的下场。

有的官员上班不干事，却在酒店长期包住多达几百天，本应在办公室的他们却出现在酒店。据某纪委通报说：“经查，官员黄某在有配偶的情况下，半年内与该市一女干部张某在酒店开房60多次，其中三次是上班时间，并且被查到过后仍然不思悔改，继续与张某开房。”道德在一些官员的心里已经荡然无存。为官得有道德，没有道德，没有底线的官员，终会被淘汰。从党的十八大以来被查处的官员来看，他们身上种种问题的根源都是“德不配位”，理念信念丧失殆尽，他们人生的坍塌无一不始于理想信念这个大德的坍塌。官员得有自觉抵制“歪风”的意识，不随波逐流，不同流合污，坚决抵制道德败坏现象。

中国特色社会主义已经进入了新时代，面对艰巨繁重的改革发展任务、严峻复杂的各种考验，党员干部要呈现新气象、履行新使命、实现新作为，更要把信仰和忠诚植根于灵魂深处、转化为具体行动。只要广大党员干部以习近平新时代中国特色社会主义思想为指引，牢固树立“四个意识”，坚定“四个自信”，在立根固本中挺起精神脊梁，坚如磐石地保持对党的绝对忠诚，对中国特色社会主义事业的坚定执着，并将其转化为在新时代奋进新征程的强大精神动力，实干苦干，开拓创新，就一定能交出政德“必修课”的优异答卷。

2. 守公德，在立党为公中彰显为民情怀

“守公德，就是要强化宗旨意识，全心全意为人民服务，恪守立党为公、执政为民理念，自觉践行人民对美好生活的向往就是我们的奋斗目标的承诺，做到心底无私天地宽。”习近平总书记做出的关于立政德要守公德的重要论断，为新时代党员干部特别是领导干部，恪守从政宗旨提供了根本遵循。

“治天下也，必先公，公则天下平矣。”共产党人的“公”，就是人民。共产党人的初心和使命正是为人民谋幸福、为中华民族谋复兴。

习近平总书记对“守公德”的阐释，充分体现了我们党“全心全意为人民服务”的根本宗旨。“我是人民的勤务员，让人民过上好日子是我们共产党人的初心、宗旨。”2018年春节前夕，在四川考察调研、看望慰问各族干部群众时，面对成都市郫都区战旗村村民的真诚赞誉，总书记这样回应。总书记的这一回应充满赤子情怀，生动诠释了共产党人的公德，掷地有声、感人肺腑。

不忘初心，方得始终。毛泽东同志说，共产党员最大的道德就是为人民服务。邓小平同志说过，“什么叫领导？领导就是服务”。习近平总书记强调，党员干部要“永做人民的忠实公仆”。

习近平总书记对“守公德”的阐释，实质上是提醒我们，无论何时何地、无论在什么岗位、无论面对怎样的诱惑与挑战，都要时刻牢记“为了谁”这一根本性问题，牢记“心无百姓莫为官，心无人民莫从政”。只有这样，才会始终把人民群众放在心中的最高位置，才会把人民群众的安危冷暖放在心上，真正为老百姓办实事、办好事，永

葆共产党人的公仆本色。我们党员干部常怀公仆之心，真正把自己置于服务员的角色，形式主义、官僚主义、享乐主义和奢靡之风等“四风”问题就会迎刃而解。

对于党员干部来讲，公德守好了，良好形象才能树立起来，经得起人民和历史检验的业绩才能创造出来。

贵州省铜仁市印江土家族苗族自治县峨岭街道川岩村原党支部书记张曙光，20多年的时间，带领川岩村人修建环村公路，改造农村危房，发展农业产业，奋斗在脱贫攻坚路上。曾经贫穷闭塞的小山村在他的努力下一步步脱贫致富。2016年9月4日，张曙光在帮助贫困户修建房屋时，不慎从楼梯上摔落在地，倒在了扶贫路上，年仅48岁。

张曙光有个绰号，叫“厚脸皮”。事关村里的基础设施、产业发展和民生保障，只要有一丝希望，张曙光就会努力去争取，一次不成功，去第二次、第三次，直到问题解决。靠着这张“厚脸皮”，他改建了村里的小学，为全村人解决了饮水、用电等问题。张曙光写得一手好字，没事喜欢记工作笔记，写满了10多本。对于扶贫，张曙光很有想法，他常挂在嘴边的是“路必须硬化，水必须通”“贫困村必须要有自己的产业”。在张曙光眼里，脱贫绝对不是喊喊口号。他所做的，正如他写在工作笔记本第一页上的一句话：“活着不一定要鲜艳，但一定要有自己的颜色！”

担任村干部20多年，张曙光先后获得“优秀共产党员”等表彰21次，所在党支部受表彰7次，但这些荣誉都不足以和村民对他的挂念相比。2016年9月5日，张曙光追悼会那天，临近两个乡镇有七八百人前来和他告别，车队排了500米远。76岁的村民田茂珍泪眼婆娑，“那个身材高大、身板结实，说一不二的曙光，是再也见不着了”。这样的优秀党员干部之所以能创造出骄人的业绩、被人民牢牢记在心中，就是因为他们坚定践行“全心全意为人民服务”的根本宗旨，守住了共产党人特有的“公德”。

那种严重脱离群众，对群众的疾苦漠不关心，对群众的安危掉以轻心的干部，那种食民之禄，却养尊处优，遇矛盾跑、遇困难绕，不为民办事，甚至吃、拿、卡、要的干部，就是最大的不道德。

过去10年间，重庆两任前市委书记落马，教训不可谓不深刻。从更大范围看，这些年，一些地方“塌方式腐败”的险情，令全社会惊诧。这些党员干部忘记宗旨，丧失党性，丧失道德，抵不住诱惑，经不起考验，在风浪面前败下阵来，走向了犯罪的深渊。这些领导干部之所以走向反面，根本原因是理想信念动摇，宗旨意识淡薄，缺乏正确的世界观、人生观、价值观，修身不严、用权不严、律己不严。说到底，就是思想根子上出了问题，就是官德政德上出了问题。

习近平总书记用“大公无私、公私分明、先公后私、公而忘私”来阐述共产党人应该如何处理公与私的关系，为党员干部守公德指明了具体方法和路径。要守好公德，领导干部必须牢记，权为民所赋，权为民所用，共产党人的权力“姓公不姓私”，人民赋予的权力必须用来为人民造福。就必须正确认识、处理公与私的关系，坚决摒弃各种私心杂念——决不能将权力当成谋取一己之私的工具，为个人、为亲朋好友、为小圈子谋取利益、换取好处；决不能用权力为个人的升迁服务，贪一时之功、图一时之名，搞劳民伤财的政绩工程，做糊弄事的表面文章；决不能沉溺于个人生活的安逸与享受，更不能碌碌无为、得过且过、尸位素餐、消极懈怠……

3. 严私德，在自省自律中保持清廉本色

“严私德，就是要严格约束自己的操守和行为。所有党员、干部都要戒贪止欲、克己奉公，切实把人民赋予的权力用来造福于人民。”党员干部特别是领导干部手中掌握着人民赋予的权力，能够影响社会发展和群众生产生活，他的私德绝非一己小事。在社会透明度越来越高的今天，党员干部的一言一行都备受公众关注，在私德问题上必须严之又严，决不能有丝毫懈怠。现实当中，许多贪官的身败名裂看似只在一瞬间，但仔细观察，其实他们东窗事发之前早已放松了私德上的要求，丧失了政德底线。对于广大党员干部而言，严私德，是对手中的权力负责、对自己的人生负责，更是对党和人民的事业负责。

（1）严私德，要从点滴小事做起，多积尺寸之功。“不矜细行，终累大德。”小事小节是一面镜子，小事小节中有党性、有原则、有人格。一个在小事小节上过不了关的党员干部，很难在大事大节上过得硬。习近平总书记在《之江新语》一书中讲，于细微处见精神，于细微处也见品德。

凡涉及党和国家及人民利益，任何小事都是大事。集小恶则成大恶，集小善则为大善。为官者培养良好的官德，树立良好的为人民服务的思想，都是从那很小很小的事开始的。小到见到老人就礼貌地询问生活状况，小到能自己坐公交车上班，小到对保安的敬礼回礼……仅此而已。可是这些被许多人不屑一顾的“小事”，真正被我们遇到时，

能次次做到的又有几个呢，廉政廉洁不是非要做大事情，做惊天动地的大事才算，万不能以为“善小不为”，恶小就轻易为之。

古人说，以铜为镜，可正衣冠；以史为镜，可知兴替；以人为镜，可知得失。我们回顾历史，古往今来多少官员、君主不注重个人操守和行为，总觉得这是小事，但他们就毁在了这“恶小”之上。

《史记·宋微子世家》中记载“纣始为象箸”。商纣王即位初期，还有励精图治的想法。在比干、微子、箕子等老臣辅佐下，商朝呈现出一派欣欣向荣的景象。随着国势强盛，西域小国纷纷向商朝进贡。众多奇珍异宝，纣王都看不上眼，唯独一双用象牙制成的筷子，让他爱不释手，常用来就餐。叔父箕子见状，劝他不要用这双筷子，否则社稷堪忧。纣王满不在乎地说：“不就是一双筷子吗？至于这么紧张吗？”见商纣王不听劝告，箕子只好暂时闭嘴。每日用餐，纣王手中依然是那双象牙筷子。箕子为此忧心忡忡、愁眉不展。有位大臣问他原因，他答道：“大王习惯象牙筷后，定会舍弃盛汤装饭的土质瓦罐，改用犀牛角做成的杯子和美玉制成的饭碗。有了象牙筷、犀牛角杯和美玉碗，就只有山珍海味、美酒佳肴才匹配。吃的东西好了，他肯定会追求穿和住。身上的衣服要换成绫罗绸缎，寝宫也要改建得富丽堂皇……假如这些变成现实，百姓肯定苦不堪言，影响我朝基业的稳固啊！”果然，箕子的预言应验了。纣王“以酒为池，悬肉为林”，生活极其恣意骄奢，还耗费大量人力物力兴建鹿台，致使民不聊生。

其实，箕子的预言就是心理学中的“棘轮效应”。消费习惯形成后，便具有不可逆性，即易于向上调整，而难于向下调整。过惯了好日子的商纣王，自然不可能再回到以前的苦日子。没有居安思危的意识，整天沉浸在享乐中，又怎能避免灭顶之灾？一双筷子，祸根就此埋下。从使用一双象牙筷子到毁掉一个强大的王国，如果不曾发生过这段历史，谁人能信。

明朝严嵩，难得其前半生并无贪贿记录，直到有人给他“赠”送笔墨纸砚文房四宝，渐而字画古玩，渐而金银财宝，最后竟成为“明朝第一大贪官”。从接受笔墨纸砚到一个朝代的第一大贪官，如果不曾发生过这段历史，谁人能信。

前人说过“人坏先从酒色财气上坏起，家破先从吃喝嫖赌上破起”，现在有些领导干部不注意自己的道德修养，忘记了党的宗旨，忘记了自己手中的权力是人民赋予的，逐步淡漠了法制观念，在个人私欲驱使下，在权力关、金钱关、美色关、子女关面前丧失原则，置党多年的培养教育于不顾，从一杯酒、一顿饭开始堕落。也许有人觉得这只是一些小事而已，不值得大惊小怪。然而古今中外，哪一个贪官污吏腐败分子，其亿万贪贿不是从“一个小数”开始，其腐化堕落甚至杀身亡家不是从“一件小事”开始。

看看许多案例，你就会发现，人不是天生就是贪官，不是一下子就变坏的，工作上也曾兢兢业业，有的还很有政绩，很有口碑。为什么后来变坏成为贪官了，就是没有做到自我约束、自我控制，这些人大都是从一条烟、一瓶酒、几百元开始的，尝到了甜头，胃口越来越大，最后把握不住自己。

这样的例子为数不少，留下的教训极为深刻。“君子检身，常若有过。”只有从正己修身做起，时时勤于自省，处处自觉自律，时刻绷紧廉洁自律这根弦，党员干部才能做到“心不动于微利之诱，目不眩于五色之惑”。

（2）严私德，要时时自省自律，培养和强化自我约束、自我控制的意识和能力。“贪如火，不遏则燎原；欲如水，不遏则滔天。”一个人能否廉洁自律，最大的诱惑来自内心，最难战胜的对手就是自己。

古往今来，凡成大事者，必有强烈的欲望。有欲望并不可怕，关键是看欲望用在什么地方。用在事业上就是成功的动力，用在享受上就是一个陷阱。孔子说“欲而不贪”，就是告诫我们不要被欲望牵着鼻子走。如果你不能主宰自己的欲望，那么，你最好远离那些令你迷惑的对象。

春秋五霸之一的楚庄王，是一个能主动隔绝欲望的人。有一次，令尹子佩请楚庄王赴宴，他爽快地答应了。子佩在京台将宴会准备就绪，就是不见楚王驾临。第二天子佩拜见楚庄王，询问不来赴宴的原因。楚庄王对他说：“我听说你在京台下摆下盛宴。京台这地方，向南可以看见料山，脚下正对着方皇之水，左面是长江，右边是淮河，到了那里，人会快活得忘记了死的痛苦。像我这样德行浅薄的人，难以承受如此的快乐。我怕自己会沉迷于此，流连忘返，耽误治理国家的大事，所以改变初衷，决定不去赴宴了。”楚庄王不去京台赴宴，是为了克制自己享乐的欲望。由于楚庄王能注意与欲望对象保持一定距离，所以他才能在登基后“三年不鸣，一鸣惊人；三年不飞，一飞冲天”，成为一个治国有方的君王。

（3）严私德，要从家里人管起，从身边人管起。领导干部的家风，不是个人小事、家庭私事，而是思想作风的重要表现。

在传统中国，“家国一体”，“家”是缩小的“国”，“国”即放大的“家”，因此，家风家教也在岁月的积淀中自然而然地成了中华文化的重要内容。万丈高楼始于基，一个人价值观形成的起点是家风，家风就是一个人和一家人成长的“地基”。从《颜氏家训》《朱子家训》到《曾国藩家书》《钱氏家训》，这些优良家风的教诲，成就的是我们熟知的大家。曾国藩的家风，其家风文化的核心是勤与俭。他留下的十六字箴言：“家俭则兴，人勤则健；能勤能俭，永不贫贱”，成为曾家突出的家风文化。颜氏家族把“读书做人”作为家风的核心，把先居家尽孝，才能为国尽忠作为家风的要义。《钱氏家训》《朱子家训》一脉相承，“读书报国”的家风，成就了钱氏家族。“读书修身”，成了新叶村民的最高理想境界。我们的家风在一个共性家风文化的影响下，每个家族又有其鲜明的家风特征。社会就是由千万个家庭组成的，严家教，守家风，后世必昌。

老一辈革命家在家风建设方面为我们做出了许多的榜样和借鉴：毛泽东要求子女“夹着尾巴做人”；周恩来定下不谋私利、不搞特殊的“十条家规”；彭德怀教育侄子“近水楼台不得月”；焦裕禄要求女儿“书记的女儿只能带头艰苦，不能有任何特殊”；习仲勋在家中经常说这样一句话：“我是农民的儿子。”习近平走上领导岗位后，母亲齐心专门召开家庭会议，要求其他子女不得在习近平工作的领域经商。老一辈革命家注重家风建设，涵养浩然正气的做法，影响了一代又一代的中国人民，是我们加强党的执政能力建设，带领全国人民走向繁荣富强的精神财富和红色基因。

习近平总书记为何如此重视家风？他自己曾一语道破：“家风好，就能家道兴盛、和顺美满；家风差，难免殃及子孙、贻害社会。”他关心普通家庭的美德传承，更重视领导干部的家风建设：“领导干部的家风，不是个人小事、家庭私事，而是领导干部作风的重要表现。”他曾在十八届中央纪委六次全会上痛心地指出，“从近年来查处的腐败案件看，家风败坏往往是领导干部走向严重违纪违法的重要原因。”他严词告诫领导干部：“不要以为是干部子弟就谁都奈何不了了。触犯了党纪国法都要处理，而且要从严处理，做给老百姓看。”

国家能源局原局长刘铁男教儿子做人要学会走捷径，“老子办事、儿子收钱”。法院判决书显示，在刘铁男案涉及的3558万余元财物中，通过儿子刘德成收受的达到3400余万元。而儿子的贪婪，则直接源自于父亲的言传身教。刘德成记得：“小的时候我爸每次在路上都会跟我说，做人要学会走捷径。一定要有出息，要做人上人，这样才能过得好，才能受人尊重。”刘铁男的教诲在儿子心中深深地扎下了根。长大后的刘德成，脑海中全是父亲灌输的扭曲的金钱观、价值观、人生观，这也是他后来为何会利用父亲职务的影响力来大肆攫取金钱的原因所在。

可见，家风不正，正是一些党员干部滑向腐败深渊的重要原因之一。身在公职、手握公权，要廉洁修身，廉洁齐家，防止“枕边风”成为贪腐的导火索，防止子女打着自己的旗号非法牟利，防止身边人把自己“拉下水”。

“欲明人者先自明，欲正人者先正己。”私德的疏忽，足以让政德沦丧，让政治生命终结。切实从自身做起，从小事做起，时刻保持警醒，在自省自律中保持清廉本色，领导干部才能无愧于自己的人生和家庭，无愧于党和人民的重托。

明大德、守公德、严私德，每个想步入仕途的人和已经步入的尤其是担任了领导职务的人，不妨拿上述标准作为尺子，量量是否够这个高度；拿它作为天平，称称是否有足够的分量；拿它作为镜子，照照是否具有了人民公仆应有的德行。

三、新时代政德建设的总要求

“坚定不移全面从严治党，不断提高党的执政能力和领导水平。”党的十九大报告提出新时代党的建设总要求和八个方面重点任务，对推进党的建设新的伟大工程做出顶层设计、战略部署。过去讲党的建设，基本上讲的是思想建设、组织建设、作风建设、制度建设和反腐倡廉建设，而新时代党的建设的总要求讲的是政治建设、思想建设、组织建设、作风建设、纪律建设，把制度建设贯穿其中，深入推进反腐败斗争。

以法治和德治并举，下大力气拔“烂树”、治“病树”、正“歪树”，治树护林，成为管党治党的重要方法论。习近平总书记在参加十三届全国人大一次会议重庆代表团审议时强调，要坚持法治、反对人治，对宪法法律始终保持敬畏之心，带头在宪法法律范围内活动，严格依照法定权限、规则、程序行使权力、履行职责，做到心中高悬法纪明镜、手中紧握法纪戒尺，知晓为官做事尺度。

古人说："畏则不敢肆而德以成，无畏则从其所欲而及于祸。"敬畏法律法规、公序良俗，言有所规、行有所止，久而久之就会形成良好的品德，就能自觉约束自己，不做出格越轨之事。人有了敬畏之心，就不会忘乎所以无法无天。

新东方董事长兼总裁俞敏洪，在北京大学开学典礼上的发言，谈到对老师的敬畏，让人动容。他说，"我们很有幸见过朱光潜教授。在他最后的日子里，是我们班的同学每天轮流推着轮椅在北大里陪他一起散步。每当我推着轮椅的时候，我心中就充满了对朱光潜教授的崇拜，一种神圣感油然而生。"因为敬畏，而爱；也因为敬畏，看见爱；更因为敬畏，才有真正的感动。袁隆平因为敬畏水稻，在稻田里梦想成真；黑人阿里因为敬畏每一个对手，成长为一代拳王……

听课的学生如果对老师没有敬畏，就容易打瞌睡；拿俸禄的官员如果对人民没有敬畏，就容易贪污腐化。党的十八大以来，我们党反腐败斗争取得重大成效，一批贪腐官员纷纷落马。探究这些贪官的行为轨迹，会发现一个共同点，就是他们都超越底线、无视"红线"，丧失了对人民、党和法纪的敬畏之心。之所以会出现河南开封消防支队与漯河消防支队1000多字的宣传稿中竟然有800字相同，开封副市长的讲话竟然出现了"构建和谐平安漯河"的"开封指导漯河工作"的怪事，就是因为心中无所敬畏，糊弄人民。

习近平总书记强调："领导干部要心存敬畏，不要心存侥幸。"敬畏人民、敬畏组织、敬畏法纪，才能从制度约束的"不敢"过渡到内在自觉的"不想"。

过去五年，"八项规定"成为改变中国的一个关键词，不仅让党风政风明显改善、民风社风为之一新，也以动真碰硬、持之以恒的力度，进一步唤醒了广大党员干部的敬畏之心。诚如古人所言：“凡善怕者，必身有所正，言有所规，行有所止。”这正是“八项规定”以“小切口”推动“大变局”的原因所在。

1. 敬畏人民

人心向背关系党的生死存亡，“水能载舟，亦能覆舟”。有一次，李世民与魏徵讨论治国之道。李世民问：“隋朝灭亡的原因是什么？”魏徵回答说:“失去民心。”李世民又问:“人民和皇帝应当是什么关系？”魏徵说：“皇帝就像一只漂亮的大船，人民就是汪洋大水，大船只有在水中才能乘风前进；但是，水能载舟，同时也能将船弄翻。太上皇（李渊）举义旗推翻隋朝统治就说明了这一点。所以，作为君王要时刻记住水能载舟，亦能覆舟。”千百年来的历史大舞台也在不断地证明着这一道理：水能载舟，亦能覆舟。凡是施行仁德之政、顺民心、不断修德于天下的贤君，都使国家昌盛兴隆，风调雨顺，百姓安居乐业；反之，逆民心，而最终走向毁灭。

敬畏之心须臾不可忘却。越是成就辉煌，越需要保持对人民的谦逊敬畏之心。敬畏人民，就要坚持人民立场，敬畏人民的历史主体地位。敬畏人民，就要牢记手中的权力是人民赋予的，坚持权为民所用。敬畏人民，就要坚持心中有民、人民至上的执政理念，全心全意为人民服务。

2. 敬畏组织

马克思曾说："只有在集体中，个人才能获得全面发展其才能的手段，也就是说，只有在集体中才可能有个人自由。"中国共产党是按照民主集中制原则建立起来的科学严密的为民组织，具有巨大的组织优势。作为党组织中的"关键少数"——领导干部执掌着人民赋予党的执政权和国家立法权、行政权、司法权等公权力，作用非常关键，必须对党组织有敬畏之心。一旦目无组织、目无法纪，个人凌驾于组织和法纪之上，必定会行为失范、放纵妄为，给党和人民事业造成严重伤害。因此，领导干部必须敬畏组织，敬畏组织的纪律、规章，敬畏组织的监督、教育；要心怀感恩，感念组织的培养、教育和信任，把敬畏之心转化成为兢兢业业、忠于职守、义无反顾的工作情怀，把敬畏之心当作履行职责、为官从政的基本底线。

3. 敬畏组织

就要摆正个人与组织的关系，始终牢记自己是组织的普通一员。敬畏组织，就要强化组织观念，坚持个人服从组织。

敬畏法纪。没有规矩不成方圆，党纪国法是每个党员干部的戒尺。马克思曾指出："我们现在必须完全保持党的纪律，否则一切都会陷入淤泥中。"法律面前人人平等，纪律面前没有特权，党纪国法的红线不能逾越。遵纪守法是领导干部从政的底线，也是安身立命的最基本要求、最基本职责和最基本素养。近来，中央和地方查处了一批违法违纪领导干部，原因虽然很多；但对法纪缺乏最起码的敬畏是一个非常重要的原因。因此，领导干部必须尊重法纪的神圣，心存敬畏、手握戒尺，带头遵纪守法，从程序和制度上规范权力、约束权力，在任何情况下坚持做到不越界、不越轨，拒腐蚀，永不沾。

2016 年 1 月 1 日起施行的《中国共产党廉洁自律准则》（以下简称《准则》），只列重在立德方面的“正面清单”，而将原先的“8 个禁止”“52 个不准”的有关“负面清单”内容移入同步修订的党纪处分条例中。它是我党执政以来首部坚持正面倡导、面向全体党员的规范全党廉洁自律工作的重要基础性法规，为党员和党员领导干部树立了一个看得见、够得着的高标准，展现了共产党人的高尚道德追求。它坚持依规治党与以德治党相结合，紧扣廉洁自律主题，重申了党的宗旨理想信念和优良传统作风，是对党章规定的具体化。

严以律己是党员的立身之本，是党员领导干部（关键少数）的为政之基。《准则》中的“四个坚持”“八条规范”，充分体现了无论在修身齐家、还是从政用权上，党对党员的严格要求和深切关爱。

第三章

明大德：大是大非面前旗帜鲜明

Chapter 3

2013年6月28日，习近平总书记在全国组织工作会议上强调："理想信念坚定，是好干部第一位的标准，是不是好干部首先看这一条。如果理想信念不坚定，不相信马克思主义，不相信中国特色社会主义，政治上不合格，经不起风浪，这样的干部能耐再大也不是我们党需要的好干部。只有理想信念坚定，用坚定理想信念练就了'金刚不坏之身'，干部才能在大是大非面前旗帜鲜明，在风浪考验面前无所畏惧，在各种诱惑面前立场坚定，在关键时刻靠得住、信得过、能放心。"

一、铸牢理想信念

理想信念是个令人鼓舞的人生话题，是由理想和信念两个词合成的。理想是人类特有的一种精神现象，是我们认识到的奋斗和追求的目标，是人们对未来事物的科学预见与合理想象。理想是人生路上的一盏指路明灯。俄国大文豪列夫·托尔斯泰曾经说过，没有理想，就没有坚定的方向；没有方向，就失去前进的力量。

理想是对未来的憧憬和向往，是我们不断前行的动力。德国哲学家卡西尔说："理想与其说是一种单纯的期望，不如说已变成了人类生活的一个绝对命令，并且这个绝对命令远远超出了人直接实践需要的范围——在它的最高形式中它超出了人的经验生活的范围。"可见，并不是任何想象都是理想。列宁说："人需要理想，但是需要人的符合自然的理想，而不是超自然的理想。"理想来源于现实，而且是对现实必然性的正确认识，它是建立在现实可能性的基础上的，是经过人们的自觉奋斗和努力实践能够实现的合理想象和目标。理想既不同于幻想，也不同于空想和妄想。理想是一种正确的想象，不是天马行空的凭空设想。

信念是指对特定理论的科学性和特定社会行为正确性的内在确信。信念支持着人生，如同呼吸的空气，沙漠中旅人的饮水，信念是我们心中的太阳。

信念有科学和盲目之分，科学的信念是以对客观规律的真理性认识为基础的科学信仰，而盲目的信念是与理性、知识、科学相对立的。契诃夫曾说过："信仰是精神的劳动；动物是没有信仰的，野蛮人和原始人有的只是恐怖和疑惑。只有高尚的组织体，才能达到信仰。"信念与情感和意志相结合，往往以目的的形式贯穿在人们的实践活动中，从而形成一种稳固的观念意识支配人们的行动。世上没有任何力量能拆散由信念黏合在一起的团体。共同的信念铸成的铜墙铁壁，可以抵挡各种打击和侵袭；共同的信念结成的长链，可以攀上峻山险峰。信念是支撑我们行动的内在力量源泉。

理想和信念的关系极其密切，这也是理想信念这一复合词得以形成的重要原因。理想是人生的灯塔，照亮人们前进的方向，指引我们不断超越现实的生活，任何信念的树立都是以一定的理想为前提的；另一方面，理想以一定的信念为基础，因为信念是认识、情感和意志的"合金"，能激励、支撑人们克服困难，实现理想。事实上，在人们的社会实践活动中，理想和信念也是难以分开的，理想富于想象性和激励性，能引导人们不断超越现实生活的束缚；而信念则具有真理性和坚定性，是鼓舞人们攻坚克难的理性力量。

理想信念是一个人的世界观、人生观和价值观的集中体现，包含着我们对未来事物的科学预见与合理想象。崇高的理想信念，以其强大的目标吸引力、道德感召力和价值凝聚力，集聚了志同道合的人们为共同的事业不懈奋斗。对于一个国家、阶级、政党而言，理想信念就是他们的行动引领和精神支柱，标识了他们的奋斗目标、价值追求和精神动力，是所属成员政治觉悟、思想境界和道德情操的集中体现。

理想信念具有真理性，激励闪耀着时代进步和社会发展的真理光芒。在中学时代的马克思目睹了社会黑暗、世道不公，在人道主义启蒙思想影响下，就为自己确立了一个崇高的理想：为人类谋幸福。他在 1835 年 8 月写的《青年在选择职业时的考虑》这篇中学毕业作文中，明确地提出了自己的这个理想。当时他的同学中，有的想当牧师，有的想当军官，有的想当官吏，而马克思与众不同。他不考虑个人的名誉地位和荣华富贵，提出要“选择最能为人类福利而劳动的职业，我们就不会为它的重负所压倒，因为这是为全人类所作的牺牲”。他说：“在选择职业时，我们应该遵循的主要指针是人类的幸福和我们自身的完美。”他还认为：“如果一个人只为自己劳动，他也许能够成为著名学者、大哲人、卓越诗人，然而他永远不能成为完美无疵的伟大人物。”他为著《资本论》花了 40 多年的时间，在大英博物馆翻阅了大量的资料，所坐的水泥地上竟磨掉了一层水泥。通过他不懈的努力，终于著成了全世界无产者所需的《资本论》。理想信念蕴藏着人们对国家和民族发展的愿景，就像一道耀眼的火光，点燃人们的激情，激发人们的才智，唤起人们奋发向上的勇气。

中央红军从瑞金出发时有 8.6 万人，到达陕北时仅剩 6500 人。长征路上超过 16.6 万人牺牲或失散，平均每行进 1 公里，就有 4 名战士倒下再也起不来，从我们党成立至中华人民共和国诞生，可以查到姓名的革命烈士有 370 多万，意味着在这 1 万多个日子里，平均每天至少有 370 人为了党的事业而牺牲！正如习近平总书记所说：“长征是一次理想信念的伟大远征。”“长征路上的苦难、曲折、死亡，检验了中国共产党人的理想信念，向世人证明了中国共产党人的理想信念是坚不可摧的。”“长征的胜利，是中国共产党人理想的胜利，是中国共产党人信念的胜利。”也正如此，一代代中国共产党人视追寻这样的真理为理想，以实践这样的真理为信仰，在生死考验面前能够赴汤蹈火、视死如归。可以说，理想信念实际就是人们对真理的信仰和追求，唯有追求真理才是人生追求最高的选择。

理想信念具有导向性，引领共产党人不断奋进前行。理想信念是一盏指路明灯，指引我们自觉奋斗和追求目标，没有理想，就没有坚定的方向；没有方向，我们就失去了前进的力量。理想如晨星，我们永不能触到，但我们可像航海者一样，借星光的位置而航行。崇高的理想信念，犹如大海上的航标、夜空中的北斗，为人们指明前进方向，提供不竭动力。陈云曾说过：“在别的军队里头，一个连长、团长、师长反水，就可以把队伍带走，可是我们的军队不是这样，某个什么长反水，下面的战士可以把他杀了，不跟他去……”这是什么力量？这就是理想的力量，信念的力量。

确立了崇高的理想信念，就有了强大的精神支柱和正确的方向。因为有了坚定的理想信念，站位就高了，眼界就宽了，心胸就开阔了，就能坚持正确的政治方向，在胜利和顺境时不骄傲不急躁，在困难和逆境时不消沉不动摇，自觉抵御各种思想干扰，永葆共产党人政治本色。反之，失去理想信念就会迷失奋斗目标和前进方向，就会失去精神支柱。大家熟知的我党一大十三位代表，以毛泽东为代表的六人：毛泽东、董必武、陈潭秋、何叔衡、邓恩铭、王尽美，理想信念坚定，历尽千辛万苦不改初衷，被世人所铭记；而张国焘、陈公博、周佛海三人迷失了正确的政治方向，背弃了自己的信仰，之后脱党，成为革命的“叛徒”，陈公博、周佛海甚至成为汉奸，被永久地钉在了历史的耻辱柱上。

理想信念还具有实践性。实践产生理想，实践检验理想，实践实现理想。没有远大理想牵引，实践活动就会盲目；没有生动实践支撑，远大理想就会变成空想。这就要求必须把理想信念同具体实践相结合，以“撸起袖子加油干”的实际行动去践行。被誉为“中国导弹之父”的钱学森在 28 岁时就成为世界知名的空气动力学家，当 1949 年中华人民共和国成立时，已成为美国麻省理工学院教授的他得知消息后，便急切想回国为自己的祖国效力，当时美国海军次长声称：钱学森无论走到哪里，都抵得上 5 个师的兵力。因此美国政府千方百计阻挠他回国，但钱学森一直没有动摇和放弃报效国家的信念，经过前后 6 年的时间，通过各种途径的努力，1955 年周恩来总理不惜释放 11 名在朝鲜战争中俘获的美军飞行员作为交换，钱学森终于踏上了祖国的土地。回国后，他把对祖国热爱的赤子情怀全部转化为了工作干劲，一生致力于提高我国国防科学技术的水平。周总理从小立下“为中华崛起而读书”的远大抱负，并决心以“面壁十年图破壁”的精神去寻求救国救民的真理。胸怀远大理想信念，从未放弃对真理的追求，并且身体力行，战胜了常人难以想象的艰难困苦，为人类进步事业做出了彪炳史册的贡献。

理想信念还具有时代性和阶级性。理想信念不是一成不变的，不同时代的人们具有不同的理想和信念。在存在阶级的时代里，由于不同阶级的社会地位和经济利益的不同，追求的目标也就各不相同，所以，他们形成的理想信念也各不相同。从杜甫的“安得广厦千万间，大庇天下寒士俱欢颜”，到孙中山的“天下为公”，再到“为共产主义事业而奋斗终身”，人们的阶级地位和阶级利益决定，人们的理想在阶级社会中必然具有阶级的烙印。各阶级统一的理想是不存在的。

我们共产党人的理想信念是什么呢？我们党成立后的第一部《中国共产党章程》就明确规定，党的最高纲领是实现共产主义，共产党员要为共产主义奋斗终身。回顾党的历史，从党的二大制定第一部党章到党的十九大，党章历经17次修改，这一条始终没变。简而言之，共产党人的理想就是共产主义远大理想和中国特色社会主义共同理想，共产党人的理想信念就是坚持这一理想始终能够得到实现。中国共产党是靠共同的革命理想凝聚起来的政治组织，共产主义远大理想和中国特色社会主义共同理想是共产党人的政治灵魂和安身立命之本，只有始终高扬这面理想信念的旗帜，伟大事业才能获得不竭动力和强大支撑。

崇高坚定的理想信念永远是中国共产党人的政治灵魂。中国共产党从成立之日起，就把共产主义确立为远大理想，始终团结带领中国人民朝着这个伟大理想前行。在战争年代，无数革命先烈抛头颅、洒热血，出生入死，历经考验，百折不挠，就是因为对崇高理想和坚定信念矢志不渝。在和平建设时期，许多共产党员为党和人民事业鞠躬尽瘁、死而后已，也正是因为崇高理想和坚定信念的激励。

近年来在国际环境不确定不稳定因素增多，我国发展的外部条件复杂多变的形势下，我们能够成功举办北京奥运会、残奥会，顺利实现载人航天飞行，有效取得抗洪、抗震等各种抢险救灾的重大胜利，都充分显示了理想信念的强大力量。可以说，建党 90 多年来就是我们共产党人谱写的一曲曲追求理想、献身理想、实现理想的英雄战歌。

美国学者宾克莱在《理想的冲突》一书中提出，“一个人在对他能够委身的价值进行探索时，要遇到许多竞相争取他信从的理想，他若要使这种探索得到满足，就必须对各种理想有所了解”。可见，理想信念不是与生俱来的，需要用毕生精力去培养塑造；理想信念不是一成不变的，需要用持久热情去磨砺锤炼。党员领导干部坚定理想信念，关键是要从认知上固根立本，从精神上升温淬火，确保理想信念不动摇。

1.“莫为狂花迷眼界，须求真理定心王”

坚定的理想信念不能自发形成，而是基于对科学理论的系统认知与深入理解。如果没有科学先进的理论指导，一个政党永远无法走在时代前列；如果没有科学先进的理论指导，一个党员干部特别是党员领导干部也无法做好本职工作。思想理论上的清醒，是保证政治成熟、理想崇高、信念坚定的前提和基础。

毛泽东同志曾说，有三本书（《共产党宣言》《阶级争斗》《社会主义史》）特别深刻地烙刻在我心中，建立起我对马克思主义的信仰。我一旦接受了马克思主义对历史的正确理解，我对马克思主义的信仰就没有动摇过。马克思主义作为科学的世界观与方法论，阐明了自然、社会和思维发展的普遍规律，揭示了人类社会的运动规律，指出共产主义实现的历史必然性和共产党人的历史使命。邓小平同志曾经说过：

“为什么我们过去能在非常困难的情况下奋斗出来，战胜千难万险使革命胜利呢？就是因为我们有理想，有马克思主义和共产主义信念。”

习近平总书记说：“欲事立，须是心立。”“理论上清醒，政治上才能坚定。铸牢坚定的理想信念，必须建立在对马克思主义的深刻理解之上，建立在对历史规律的深刻把握之上。”因此，树立崇高的理想和坚定的信念，要把理想信念建立在对科学理论的理性认同上，用马克思主义理论武装全党。这抓住了坚定理想信念的最大根本。要大力倡导读经典、学原文、学哲学，从生产力与生产关系、经济与政治、无产阶级与资产阶级的矛盾对立和辩证统一中，深化对人类社会发展规律、社会主义建设规律和共产党执政规律的认识理解，增强共产主义必胜信心信念。特别要突出学习我们党的创新理论成果这一中国化的马克思主义，重点是围绕实现中国梦、落实“五位一体”总体布局、协调推进“四个全面”战略布局，联系习近平总书记领导伟大斗争、驾驭复杂局面、应对重大事件、处理棘手问题的生动实践，学习党的十八大以来习近平总书记治国理政的新理念新思想新战略，深刻领悟蕴含其中的马克思主义立场观点和方法，掌握活的思想灵魂，扬起理想风帆，稳固信念灯塔，坚定“四个自信”，始终不渝地走中国特色社会主义道路。

2. 梦想引领征程，历史照亮未来

习近平总书记在十八届中共中央政治局第七次集体学习时强调：“历史是最好的教科书。学习党史、国史，是坚持和发展中国特色社

会主义、把党和国家各项事业继续推向前进的必修课。这门功课不仅必修，而且必须修好。要继续加强对党史、国史的学习，在对历史的深入思考中做好现实工作、更好走向未来，不断交出坚持和发展中国特色社会主义的合格答卷。”对于共产党人来说，中国革命的历史是最好的营养剂。多重温这些伟大历史，心中就会增加很多正能量。只有回望过去，才能更好地面向未来，才能坚定心中的信念。

当代的共产党员愈来愈年轻化，这为党注入活力的同时，也意味着党史的教育更为棘手和关键。共产党员必须谨记，没有革命烈士的前赴后继就没有党的今天，没有中华人民共和国成立初期党和人民所奠定的物质基础就没有今天的繁荣昌盛。当代共产党员要“吃水不忘挖井人”，唯有铭记党的历史，铭记革命烈士的遗愿，才能永远不忘建党初心，真正做到坚定理想信念。

3.“空谈误国，实干兴邦”

铸牢坚定的理想信念必须用行动说话，付诸实践。理想信念的建设不能停留在口头上，要体现在行动上。毛泽东同志有一句名言：“读书是学习，使用也是学习，而且是更重要的学习。”习近平总书记也提出要“不驰于空想，不骛于虚声，一步一个脚印，踏踏实实干好工作”。理想信念的坚定有赖于理论上的清醒，也有赖于实践斗争的磨炼。衡量一个党员干部的理想信念是否坚定，要听其言，更要观其行。

要积极投身于建设中国特色社会主义的伟大实践。中国特色社会主义是“科学社会主义理论逻辑和中国社会发展历史逻辑的辩证统一”，

"适应中国和时代发展进步要求的科学社会主义"。中国特色社会主义就是共产主义的现实阶段，是共产主义远大理想的现实运动，投身于中国特色社会主义，就是投身于共产主义理想的伟大实践。在深入中国特色社会主义伟大实践中，在复杂多变的改革环境中，磨炼意志和品质，检验理想信念，以过硬的本领推动崇高的理想迈向美好的现实。

要和本职工作相结合。理想信念并不玄妙，它就体现在实实在在的具体工作中。离开了全心全意为人民服务的宗旨，缺乏吃苦在前、享受在后的奉献精神，没有对工作的极端负责和勇挑重担的精神，是谈不上远大理想和坚定的信仰的。只有把理想信念和具体的做人做事结合在一起，和脚踏实地的本职工作联系起来，既当理想家又当实干家，才能让理想信念落地生根、开花结果。

二、锤炼坚强党性

"党性是高度发展的阶级对立的结果和政治表现。"[①]党性是一个政党固有的本性，是阶级性最高和最集中的表现，具有两层含义：政党党性主要通过纲领路线、方针政策和党组织活动来体现，反映其性质、思想理论水平和政治水平；党员党性主要通过言行反映其思想政治素

① 《列宁全集》第13卷，人民出版社1987年版，第273页。

质是否合格，通俗地说就是反映其世界观、人生观、价值观。很显然，列宁所说的党性，主要是指政党的阶级性，强调无产阶级政党要代表本阶级的利益，要以辩证唯物主义和历史唯物主义为指导。

不同的阶级具有不同的党性：把自己的幸福建筑在“使别人受痛苦”的基础上，是一切剥削者的共同特点。牺牲全人类或大多数人的幸福，把全人类或最大多数人民弄到饥寒交迫与被侮辱的地位，来造成个人或少数人特殊的权利与特殊的享受，这就是一切剥削者的“高贵”、“伟大”与“被人尊敬”的基础，一切剥削者的道德的基础。无产阶级与共产党人与此相反，是把自己的幸福建筑在“使别人同享幸福”的基础上，是在努力于最大多数劳动人民与全人类的解放斗争中来解放自己，来消灭少数人的特殊权利。这是共产党人的高贵、伟大与被人尊敬的基础，也是共产主义道德的基础。这就是阶级社会中人们各种不同的阶级特性[①]。中国共产党是中国工人阶级的先锋队，是中国各族人民利益的忠实代表，是中国社会主义事业的领导核心。它所固有的明显区别于其他政党的特性，构成了我们党的党性。

共产党员的党性，就是无产者阶级性最高而集中的表现，就是无产者本质的最高表现，就是无产阶级利益最高而集中的表现。共产党员的党性锻炼和修养，是党员本质的改造[②]。中国共产党党员党性的核心是为共产主义奋斗终身。

党性还具有鲜明的时代特征，它是千百万共产党员为了完成党在各个时期的任务，英勇奋斗，忘我牺牲，开拓进取实践的升华。不同

---

① 《刘少奇论党的建设》，中央文献出版社 1991 年版，第 224—225 页。
② 《刘少奇论党的建设》，中央文献出版社 1991 年版，第 224—225 页。

时期的党性有不同的表现形式：革命战争年代表现为毛泽东、周恩来等无数优秀共产党员为了夺取国家政权，建立中华人民共和国英勇奋斗，不怕牺牲；改革开放新时期则表现为孔繁森、杨善洲等共产党人爱岗敬业，全心全意为人民服务，为建设中国特色社会主义而奋斗。

习近平总书记指出，“党性是党员干部立身、立业、立言、立德的基石，必须在严格的党内生活锻炼中不断增强”。党员是党的肌体的细胞。党的先进性和纯洁性要靠千千万万党员的先进性和纯洁性来体现，党的执政使命要靠千千万万党员卓有成效的工作来完成。

党员的党性要具有共产主义远大理想和中国特色社会主义坚定信念。代代共产党人为追求民族独立和人民解放，不惜流血牺牲靠的是信仰；无数仁人志士舍生取义，换得中华人民共和国成立靠的同样是信仰。李大钊播撒革命火种，坚称“试看将来的环球，必是赤旗的世界”；夏明翰以铮铮铁骨，发出“砍头不要紧，只要主义真”的誓言；革命先辈在“爬雪山、过草地”那般艰苦、在流血牺牲那般慷慨中留下的“革命理想高于天”的故事，无不是坚强党性的展现。

党员的党性要具有做好本职工作的知识和本领。中华民族历来有“敬业乐群”“忠于职守”的优良传统。早在春秋时期，孔子就留下了“执事敬”“修己以敬”等话语，主张人在一生中始终要勤奋、刻苦，为事业尽心尽力；荀子也说“凡百事之成也，必在敬之”。热爱本职工作，熟练掌握业务知识和科学文化知识，用爱岗敬业的精神书写对党的忠诚更是党性的应有之义。

马克思说：“如果一个人只为自己劳动，他也许能够成为著名的学者，大哲人，卓越诗人，然而他永远不能成为完美无疵的伟大人物。”

鲁迅先生曾说过："我好像一只牛，吃的是草，挤出的是奶、血。"党员的党性具有克己奉公、无私奉献的高尚情操。

1950年，26岁的邓稼先在美国获得物理学博士学位回国后，毅然接受开拓祖国核事业重任，离别妻儿，隐姓埋名，走向大戈壁。从此，物理学界再也没听到过他的声音。20多个春秋过后，满身戈壁沙粒的邓稼先回来了，"两弹元勋"的美名才开始传扬，邓稼先的名字才重新出现在普通人的视野。然而此时，他的妻子已年近花甲，而癌魔也早注入他的肌体，他光辉的生命已燃烧到了尽头。他临终前对妻子说的最后一句话是："我死而无憾！"

"为官避事平生耻。"党员的党性具有扎实工作、密切联系群众和艰苦奋斗的优良作风。共产主义战士雷锋，把有限的生命投入到无限的为人民服务事业；县委书记的榜样焦裕禄为改变兰考面貌，鞠躬尽瘁，死而后已；犹如群星布空的勇于"杀出一条血路"的改革家、一尘不染的人民公仆、攻坚克难的先进工作者、勇攀高峰的科技精英，最美教师、最美战士、最美民警、最美基层干部……无不既胸怀理想，又心系宗旨。

"天下之事，不难于立法，而难于法之必行。不难于听言，而难于言之必效。"党员的党性具有自觉组织纪律观念和法制观念。无论是之前颁布修订的《中国共产党纪律处分条例》《中国共产党问责条例》和《中国共产党廉洁自律准则》，还是十八届六中全会新修订的《关于新形势下党内政治生活的若干准则》《中国共产党党内监督条例》，都是规范党员言行的戒尺，必须坚持用党规党纪对照检查，将政治纪律政治规矩挺在前面。

历史告诉我们：党性强，战斗力就强；党性弱，则战斗力就弱。无产阶级政党丢掉党性，就会丢掉用鲜血和生命赢得的人心，这就是为什么中国共产党在执政并将长期执政的历史条件下，仍在强调坚持党性。

历史和现实告诉我们，打开心灵的窗户，增添思想灵魂的光泽，让思想的灵魂跟上前进的步伐，这无形的力量就是新时代如何锤炼党性最好的答案。

1. 政治上的坚定来自理论上的清醒，锤炼坚强党性要打牢基础

从井冈山道路、延安整风到“两个务必”的提出，从“三讲教育”到群众路线教育，从“三严三实”到“两学一做”教育，都要求广大党员树立终身学习理念，学党章党规、政策理论、国史党史、科学文化知识，切实增强“四个意识”。

革命理想高于天，锤炼坚强党性要夯实信念的基石。当年张国焘依仗人多枪多，要叛变革命另立中央，别说带走部队，就连一个警卫员都没能带走。周总理问这名警卫员：“为什么没有跟张国焘走？”警卫员说：“他不革命，我还要革命呢！”这一句简单的“他不革命，我还要革命”真切地道出了一名普通战士的坚强党性。《苦难辉煌》中讲到，共产党人抛头颅洒热血、前仆后继、义无反顾、舍生忘死。不为官、不为钱，不怕苦、不怕死，只为主义，只为信仰。这支跨过万水千山的队伍，从出发那天起就一直在演变：牺牲的，叛变的，出

走的，腐败的……但队伍主体从未改变，一直在民族救亡和复兴的历史进程中坚守自己的时代担当。这就是这个党最大的韧性所在，是从苦难走向辉煌的精神动力。

习近平总书记强调“理想信念是共产党人精神上的‘钙’”。改革开放和市场经济的复杂环境中，要抵制各种诱惑腐蚀，稳住心神、经受考验，最根本的是加强党性，坚守共产党人的精神追求，练就金刚不坏之身。

党的作风关系到党的生死存亡，锤炼坚强党性要加强作风建设。习近平总书记曾指出“打铁还需自身硬。要切实改进工作作风，密切联系群众”。作风问题实质是党性问题。“大道至简，有权不可任性。”李克强总理对党员干部的作风问题提出明确要求。立党为公、执政为民，严以用权，任何时候都不搞特权、不以权谋私。按照习近平总书记的要求“公权为民，一丝一毫都不能私用”，就是要想群众之所想，急群众之所急，踏石留印、抓铁有痕，践行“三严三实”；就是要不怕艰难，乐于吃苦奉献，与群众同甘共苦，始终以党的事业为重，以群众利益为重，勇于担难；就是要坚决克服懒政庸政不作为等不良现象，坚持问题导向，直面矛盾，迎接挑战，主动作为，破解难题，让群众有更多获得感。

2. 加强纪律性，革命无不胜，锤炼坚强党性要守住纪律底线

马克思说，我们现在必须完全保持党的纪律，否则一切都会陷入污泥中。破法者必先破纪，任何社会公民都不能触法律高压线。党员

还不能碰纪律警戒线，否则会出现违纪——违法——犯罪的自由落体。

春秋时期著名政治家管子曾说：“令则行，禁则止，宪之所及，俗之所被，如百体之从心，政之所期也。”意思是说有令则行，有禁则止，凡是法令所及和风俗所影响到的地方，就像四肢百骸服从内心一样，这是为政所期望的结果。作为共产党人就要严格遵守政治纪律，站稳政治立场，自觉与党中央保持高度一致；严守组织纪律，认真执行民主集中制原则，自觉做到四个服从，反对自由主义；严守群众纪律，随时随地维护人民群众的正当权利，不允许以任何形式损害群众利益，更不准凌驾于群众头上作威作福；严守廉洁纪律，每位党员若做到户户悬鱼，定能清廉天下。

“先天下之忧而忧，后天下之乐而乐”，用核心价值观构筑共同理想，锤炼坚强党性敢于责任担当。早在2014年2月24日，习近平在主持十八届中共中央政治局第十三次集体学习时就谈道：“一个国家的文化软实力，从根本上说，取决于其核心价值观的生命力、凝聚力、感召力。培育和弘扬核心价值观，有效整合社会意识，是社会系统得以正常运转、社会秩序得以有效维护的重要途径，也是国家治理体系和治理能力的重要方面。历史和现实都表明，构建具有强大感召力的核心价值观，关系社会和谐稳定，关系国家长治久安。”现阶段的共同理想是建设成富强、民主、文明、和谐、美丽的社会主义现代化强国。中国特色社会主义的总体布局离不开共产党员的责任担当。共产党员在践行核心价值观中率先垂范、勇于担当，修身正己，提高道德修养，要以上率下带头践行核心价值观。

三、在风浪考验面前无所畏惧

习近平总书记说："要教育引导广大党员、干部把践行中国特色社会主义共同理想和坚定共产主义远大理想统一起来，做到虔诚而执着、至信而深厚。有了坚定的理想信念，站位就高了，眼界就宽了，心胸就开阔了，就能坚持正确政治方向，在胜利和顺境时不骄傲不急躁，在困难和逆境时不消沉不动摇，经受住各种风险和困难考验，自觉抵御各种腐朽思想的侵蚀，永葆共产党人政治本色。"目前我国正处于发展机遇期和矛盾凸显期，面对复杂多变的世情、国情和党情，广大党员干部在风浪考验面前无所畏惧，最重要的就是要对党绝对忠诚。

从国际上看，两种制度、两种价值体系的对抗与较量长期存在，意识形态领域依然是生死暗战。西方敌对势力加紧对我国策动"颜色革命"，实施网上"文化冷战""政治转基因"工程，妄图对我党拔根去魂、分化瓦解；20世纪，苏联解体，东欧剧变，社会主义阵营的一面大旗忽然倒下，世界社会主义运动出现严重曲折。与此形成鲜明对照的是，西方发达资本主义国家垂而不死，腐而不朽，经历金融危机冲击后依然保持着相对强劲的发展势头。这种情况，使一些党员对马克思主义理论的正确性产生了怀疑，对社会主义必然胜利的信念发生了动摇。

从国内看，改革开放以来，我国经济社会建设在取得巨大成就的同时，也出现了一些严重的社会问题。市场经济的负面效应，使一些党员的人生观、价值观发生扭曲；部分工人下岗以及教育、医疗、住房等方面存在的突出矛盾，使一些党员对社会主义前途产生忧虑；党内依然存在的腐败现象，使一些党员对干部队伍失去了应有的信心。

共产主义的实现决定锤炼党性的长期性和复杂性，党性修养一刻也放松不得，对党忠诚是实现总目标的坚强政治保证。要实现党的伟大目标，维护民族团结和社会稳定，我们的党员干部要靠得住、立场坚定、行动自觉，关键时刻敢于发声亮剑，对党绝对忠诚。

孔子《论语》有云："君子不重则不威，学则不固。主忠信。无友不如己者。过则勿惮改。"忠诚是人生的本色，是党员干部的初心亦是职责，任何时候都要与党同心同德，以"对党绝对忠诚"坚固政治底色，方能用忠诚铸就忠诚。

1."天下至德，莫大乎忠"

比干、文种、岳飞这些流传千古的名人，或许在大家的眼里有一些"傻"，但是在他们的心里这是他们表达忠诚的方式，也正因为他们的这种政治品格，才被后人传颂敬仰。

习近平总书记指出："全党同志要强化党的意识，牢记自己的第一身份是共产党员，第一职责是为党工作，做到忠诚于组织，任何时候都与党同心同德。"忠诚是对一个党员干部最基本的要求，你连心都不向着国家、向着人民，还能期盼你为国为民办点事？这显然是不现实的，只有以"对党忠诚"的初心坚守一辈子，才能经得住时间的考验。陕北革命根据地重要领导人刘志丹就堪称对党忠诚的典范。他曾遭受"左"倾路线的排挤打压，多次被撤职，但他始终红心向党。

1935 年，“左”倾分子诬蔑他是“右派”，派通信员将逮捕他的密函交给西北军委。当时，身为红十五军团副军团长的刘志丹接到通知正去瓦窑堡开会，途中碰到通信员。通信员不识字，就把信交给了刘志丹，见是逮捕自己的命令，刘志丹完全可以扣押信件，回到部队，但他没有这样做，仍然前往，到会场就被捕了。幸亏毛主席来到瓦窑堡，他才被解救了出来。周总理后来称赞刘志丹“对党忠贞不贰”，“是一个真正具有共产主义品质的党员”。

实现中华民族伟大复兴的历史使命，党必须拥有一批又一批对党忠诚，忠诚于党的理想、党的组织、党的宗旨的先进分子。对党忠诚、永不叛党，这是我们党区别于其他政党的显著标志，也是党对党员一以贯之的要求。

共产党员对党绝对忠诚，要言行一致，老老实实做人。党章规定，党员要“对党忠诚老实，言行一致”。邓小平同志曾指出：“一个自觉的革命者无论何时何地，在何种情况下，都要做到忠诚老实，对党要忠诚，要老老实实地说话，老老实实地办事，老老实实地做人。”

对党忠诚是共产党员先进性的要求、是共产党员道德修养的外在表现。习近平总书记在 2014 年指出：做人要实，就是要对党、对人民、对同志忠诚老实，做老实人、说老实话、干老实事，襟怀坦白，公道正派。党的各级组织和全体党员务必自觉保持我们党的优良传统和政治优势，说老实话、办老实事、做老实人，既是一种高尚的人生态度，更是一种严谨的道德实践。

对党忠诚是共产党员的一种政治态度。共产党员对党绝对忠诚，要心中有党，老老实实做人。对党忠诚，是全体党员的底色，是共产党员是否合格的最基本条件。习近平同志指出：“对党绝对忠诚要害在‘绝对’两个字，就是唯一的、彻底的、无条件的、不掺任何杂质的、没有任何水分的忠诚。”对党忠诚既是党对党员干部最基本的政治要求，也是党员干部最重要的政治素养。

党员能否做到对党、对人民忠诚，关系党内政治生态和党的事业兴衰的大问题。全体党员对党忠诚，为党分忧、为国奉献、为民谋利，党就能保持团结统一，就有凝聚力、战斗力。“天下至德，莫大乎忠。”忠者，赤诚无私；诚者，真心实在。共产党员对党忠诚，要讲信念、要挺起理想信念的主心骨。从胡耀邦、朱德、陈云、习仲勋、彭德怀、王震等老一辈革命领袖，到焦裕禄、孔繁森、郭明义、杨善洲模范人物，他们都把党和人民的利益看得高于一切，真心诚意为人民谋利益，他们襟怀宽广，光明磊落，心口一致，言行一致，表里一致的实际行动，始终鲜明地表现了共产党人优良的政治本色和高尚的道德情操。

2. 在风浪考验面前无所畏惧，对党忠诚要用坚定信仰去锻造

在风浪考验面前无所畏惧对党忠诚，源于信仰。信仰坚定是党员干部忠诚的前提。对马克思主义的信仰，对社会主义和共产主义的信念是共产党人的命脉和灵魂。纵观党的历史，共产党能够克服一切艰难险阻，取得重大成就的动力源泉就是坚定的信仰和党员干部对党和人民的绝对忠诚。当年朱德、彭德怀、贺龙、叶挺等一大批开国将帅，正是因为忠诚于党，所以甘愿放弃高官厚禄，矢志不渝地跟共产党打

天下；当年刘邓大军挺进大别山，明知困难重重，正是因为忠诚于党，所以下定把“中野打光了也值得”的决心。

（1）信仰要有理论作支撑，做到真学。现在的党员干部尤其年轻的党员干部，具有高学历和丰富的专业知识，但是在马克思主义理论素养方面还有待进一步提高。要坚持不懈地学习马克思主义经典著作，在当前尤其要学习习近平新时代中国特色社会主义思想，在学深悟透上下功夫。要在学习方式方法上下功夫，不断创新方法途径，提升学习效果。要在学习自觉性上下功夫，增强党员干部理论学习的自觉性，特别是加强对党员干部忠诚度学习培训，把忠诚度教育纳入党员学习培训内容中，确保忠诚度教育常态化、制度化。

（2）以“四个自信”坚定信心，做到真信。坚定马克思主义信仰就是要把坚持共产主义远大理想与中国特色社会主义共同理想相结合，坚定中国特色社会主义道路自信、理论自信、制度自信、文化自信。特别是十八大以来，新的伟大成就不仅有效地抑制了在中国道路问题上的噪音、杂音，证明了我们中国特色社会主义道路的正确性，更证明了中国特色社会主义制度的优越性和理论上的成熟，对此我们要有充分的自信。

（3）在实践中磨砺信仰，做到真行。信仰的坚定更需要实践的磨炼，在实践过程中，把对党的忠诚转化为实际行动，做到笃信践行。首先在实践中要敢于表态。特别是在政治上要保持清醒、坚持原则、明辨是非，必须旗帜鲜明地反对在理论、制度等根本性问题上的错误言行。其次要敢于担责。面对失误敢于承担责任，敢于应对，敢于挺身而出，解决问题；着力提高党员干部的素质和能力，尤其是提高面对问题的勇气和解决问题的能力，敢涉险滩、敢啃硬骨头，以行动践行忠诚，在工作成就中坚定信仰，让信念坚定、为民服务、敢于担当成为党员干部的自觉追求。

3. 在风浪考验面前无所畏惧，对党忠诚要用权益保障去激发

忠诚更需权益的保障。权益保障是提高党员干部忠诚度的关键。党员干部的权利、需求得到有效保障，这是激发党员干部忠诚度的内在驱动力。

发展党内民主，保障党员民主权利。要推进党内决策民主化，健全党员权利保障制度。拓宽党员参与党内事务的渠道，另外还要在党内营造敢于讲真话的民主氛围，党员民主权利得到实现能够激发党员为党工作的积极性和创造性，进而激发党员忠诚度。

健全激励机制，重视党员合理利益诉求。有效的激励机制有利于激发党员干部对党的归属感和实现自我价值的成就感，进而提升党员干部忠诚度。建立科学的正向激励机制，积极回应其合理利益诉求，解决其工作生活中的实际问题，有利于提高党员的忠诚度。建立关怀激励机制。通过物质、财力、利益协调及其培训交流等方式激发党员动力。建立先进激励机制。对工作中做出突出贡献的先进个人和组织，及时给予肯定和奖励，授予其荣誉，并且在工作中委以重任，进一步激发党员的忠诚度。

4. 在风浪考验面前无所畏惧，对党忠诚要用制度规范来增强

忠诚的实现离不开制度的保证。制度是行为的“规矩”，党内需要用制度来规范和约束党员干部的行为，进而增强党员的忠诚度。深化干部人事制度改革。在干部选拔任用上，我党始终坚持德才兼备、以德为先的原则，要把那些人品好、素质高、德行佳的党员干部使用起来。建立忠诚考评制度。党员干部的忠诚度考评，有利于激发忠诚意识。建立畅通的出入机制。畅通的出入机制，有利于保证党员队伍的先进性和纯洁性，增强党员的忠诚度。加强监督机制。有效的监督能够规范和制约党员干部的行为，确保党员干部对党的事业的忠诚。

四、在各种诱惑面前立场坚定

众所周知，“立场”就是人们观察、认识和处理问题时的立足点，即所处的地位和由此而持的态度。立足点不同，观察问题的角度不同，所持的态度就会不同。习近平总书记所讲的政治立场，就是马克思主义立场，是人民群众的立场；要求坚定政治立场，也就是要坚定马克思主义立场，坚定党和党性的立场，坚定人民群众的立场。从根本上说，马克思主义立场、党和党性的立场、人民群众的立场是统一的，归根

结底是人民群众的立场。

1. 坚定政治立场是建设中国特色社会主义的现实需要

当代中国，已经进入矛盾凸显期、改革深水区，多元思想相互激荡，社会思想日益多元多样多变，挑战着主流的价值观念，冲击着党员干部的自律防线。我们党的干部大多数是好的，但也有一些人失去了信仰、丢掉了理想。有的不问苍生问鬼神、不信马列信上帝，热衷于烧香拜佛、沉迷于堪舆风水；有的政治立场不明，碰到重大问题态度暧昧、消极躲避、不敢亮剑，甚至故意模糊、存心投机；有的是非观念淡薄、原则性不强、正义感退化，糊里糊涂当官，浑浑噩噩过活；有的唯利是图、利令智昏，抱着“当官不发财，请我都不来”的不良动机，以权谋私……拜金主义、享乐主义、极端个人主义有所滋长，低俗庸俗媚俗之风有所表现。在各种诱惑面前丧失立场特别是在享乐主义方面，习近平总书记指出，主要是精神懈怠、不思进取，追名逐利、贪图享受，讲究排场。有的意志消沉、信念动摇，奉行及时行乐的人生哲学，“今朝有酒今朝醉”，“人生得意须尽欢”。有的追求物质享受，情趣低俗，热衷灯红酒绿，纵情声色犬马。有的拈轻怕重，安于现状，不愿吃苦出力，满足于现有学识和见解，陶醉于已经取得的成绩，不立新目标，缺乏新动力，“清茶报纸二郎腿，闲聊旁观混光阴”。周永康、薄熙来、徐才厚、令计划、苏荣等就是这些人中的典型代表，严重玷污了党的形象，损毁了党的声誉，给党的建设带来了极坏的影响。

1959年11月，毛主席在杭州会议期间同身边工作人员的谈话中担忧道：仗我们是不怕打的，帝国主义要和平演变我们也难；可下一代、再下一代就不好讲了。中国人讲“君子之泽，五世而斩”，英国人说“爵位不传三代”，到我们的第三代、第四代人身上，情形又会是个什么样子啊？我不想哪一天，在中国的大地上再出现人剥削人的现象，再出现资本家、企业主、雇工、妓女和吸食鸦片烟；如果那样，许多烈士的血就白流了……面对各种诱惑，广大党员干部要坚定立场守住底线，不让烈士的血白流。

我们党是一个马克思主义政党，在各种诱惑面前立场坚定是对党员特别是各级领导干部的基本要求。我们党又是一个在具有13亿多人口的大国领导人民建设和发展中国特色社会主义伟大事业的执政党，广大党员特别是各级领导干部能否坚定政治立场，不仅直接关系党自身的建设和发展，而且直接关系国家的前途命运和人民的幸福安康。因此，政治立场坚定具有极为重要的意义。

“千磨万击还坚劲，任尔东西南北风”，在各种诱惑面前立场坚定是保持党的先进性的先决条件。政治立场是决定我们党的性质的根本政治问题。鲜明而坚定的政治立场，即始终站在最广大人民这一边，始终代表最广大人民根本利益，是决定党的性质的核心要素，也是保持党的先进性的先决条件。江泽民同志曾经明确指出：“看一个政党是否先进，是不是工人阶级先锋队，主要应看它的理论和纲领是不是马克思主义的，是不是代表社会发展的正确方向，是不是代表最广大人民的根本利益。”

原北京军区某高级工程师张斌，精通计算机网络技术，先后取得重大科研成果十多项，被誉为军中“网络英雄”。美国微软公司曾以中方副总裁的职位聘请他，面对巨大的诱惑，他首先想到的是党组织培养了自己，部队成就了自己，应该把自己的才能献给祖国，最终不为高薪所动，仍然选择军营。微软总裁比尔·盖茨感慨地说：“中国军人身上有一种特殊的让人难以理解的东西。”这种“特殊的让人难以理解的东西”就是体现在张斌身上的坚定的政治立场。

党员是党的先进性的实践主体。只有保持共产党员的先进性，党的先进性才会有坚实的基础，党的凝聚力和战斗力才有保证，党的先进性才能最终得到体现。而要保持广大党员的先进性，最根本的就是要使广大党员始终坚定正确的政治立场，“心不动于微利之诱，目不眩于五色之惑”，这是保持和发展党的先进性的先决条件。正如英国作家恰普曼所说：“无论是美女的歌声，还是鬣狗的狂吠，无论是鳄鱼的眼泪，还是恶狼的嚎叫，都不会使我动摇。”也正因为如此，习近平总书记强调指出：“保持党的先进性和纯洁性、巩固党的执政基础和执政地位靠什么？最重要的就是靠坚持党的群众路线、密切联系群众。”而坚持党的群众路线、密切联系群众的前提，当然是要政治立场坚定，即坚定地站在最广大人民的这一边。

在各种诱惑面前立场坚定是自觉践行党的宗旨的基本前提。党章明确指出：党除了工人阶级和最广大人民群众的利益，没有自己特殊的利益。这就清楚地表明，政治立场（即人民群众的立场）是根本政治问题，它决定了我们党的性质，进而决定了我们党的根本宗旨。只有坚定地站在最广大人民的立场上，才能自觉践行全心全意为人民服务的根本宗旨。所以习近平总书记总是把“立场”和“宗旨”联系起来，强调“与人民同呼吸共命运的立场不能变，全心全意为人民服务的宗旨不能忘”。

在各种诱惑面前立场坚定是提高党的执政能力的政治基础。政治立场问题不仅决定着党的性质和宗旨，同时也决定着党的同人民群众的关系。保持党同人民群众的血肉联系是我们党的优良传统和政治优势，也是在新的历史条件下加强党的执政能力建设的核心。我们党执政以后，一方面取得了更好地服务人民的条件，另一方面也增加了脱离群众的危险。因此，加强党的执政能力建设，一个重大问题就是不断巩固和加强党同人民群众的血肉联系。

马克思说过：“人们奋斗所争取的一切，都同他们的利益有关。”不论什么组织，只要背离了人民利益，人民就会抛弃你。在社会主义市场经济条件下，在错综复杂的利益关系中，我们要始终站在最广大人民的立场上，把执政为民作为最高价值取向，把人民群众作为最高价值主体，把为最广大人民谋利益作为最高价值追求。所以习近平总书记总是强调要坚定地站在人民立场上，坚定不移地维护人民利益，“坚持把实现好、维护好、发展好最广大人民根本利益作为一切工作的出发点和落脚点”。

在各种诱惑面前立场坚定是推进社会主义事业的根本保证。中国特色社会主义是亿万中国人民自己的事业。在推进中国特色社会主义事业发展的进程中，党的领导尽管具有非常重要的作用，但人民群众才是推动中国特色社会主义事业发展的主体力量。因此，必须坚持人民主体地位，发挥人民首创精神和主人翁作用，使人民的积极性和创造力竞相迸发，坚定不移地依靠人民群众发展中国特色社会主义，把中国特色社会主义事业推向前进。

是否坚定地站在最广大人民的立场上，是决定党的性质的根本政治问题。从马克思、恩格斯在《共产党宣言》中明确提出共产党人始终坚持为无产阶级、为绝大多数劳动人民谋利益，到列宁强调党是无产阶级的先进部队，要为人民群众服务、代表他们的利益；从毛泽东同志提出共产党人必须全心全意为人民服务，到邓小平同志强调必须把人民拥护不拥护、赞成不赞成、高兴不高兴、答应不答应作为衡量改革和一切工作的根本标准，江泽民同志强调中国共产党必须始终代表最广大人民根本利益，胡锦涛同志强调必须把最广大人民的根本利益作为贯彻落实科学发展观的根本出发点和落脚点，再到习近平总书记强调人民对美好生活的向往就是我们的奋斗目标，都体现了我们党坚定的人民立场。

从以上我们可以清楚地看到一脉相承又与时俱进的思想主线，这就是始终坚定地站在最广大人民的立场上，一切为了人民、一切相信人民、一切依靠人民。这是马克思列宁主义、毛泽东思想和中国特色社会主义理论体系的根本出发点和落脚点。

2. 坚定政治立场的基本要求

（1）坚持党性与人民性的统一。习近平总书记明确指出："党性和人民性从来都是一致的、统一的。"这种"一致"和"统一"是由党性和人民性的内在本质所决定的。一个是代表中国最广大人民的根本利益，一个是人民立场和人民利益的集中表现，从根本上说两者是"一致的、统一的”。所以习近平总书记强调：“坚持党性，核心就是坚持正确政治方向，站稳政治立场。”

（2）坚持马克思主义群众观点。共产党人的人民群众立场是与马克思主义群众观点密切相关的。要坚定人民群众立场，就要认真学习并深刻理解和掌握马克思主义群众观点，并在此基础上坚信马克思主义群众观的科学性和真理性。只有深刻理解和把握马克思主义群众观点，才能牢牢站稳人民群众立场。

（3）坚持党的群众路线。一切为了群众、一切依靠群众，从群众中来、到群众中去的群众路线，是我们党始终坚持的根本工作路线和根本工作方法，是我们党永葆青春活力和战斗力的重要法宝。因此，习近平总书记强调：“不论过去、现在和将来，我们都要坚持一切为了群众，一切依靠群众，从群众中来，到群众中去，把党的正确主张变为群众的自觉行动，把群众路线贯彻到治国理政全部活动之中。”

（4）自觉践行党的宗旨。全心全意为人民服务是我们党的根本宗旨，也是马克思主义群众观点和党的群众路线的核心。我们党是执政党，党的执政地位不是与生俱来的，也不是一劳永逸的。执政党能否长期执政，归根结底取决于人民群众对执政党的执政活动和执政成效的满意度。

谢步升，家境贫穷，12 岁时就给地主打短工，1929 年参加工农武装暴动，1930 年加入中国共产党，担任叶坪村苏维埃政府主席。谢步升虽是一个小小的村苏维埃政府主席，但他所负责的叶坪村是苏维埃中央政府和苏区中央局所驻之地，因此，他的身份、地位就显得很不一般，掌握的权力也非同小可。他人脉很广，可以直接跟中央政府一些部门打交道。走马上任后，他忘记了自己“从哪里来，要干什么”，利令智昏，利用职权之便贪污打土豪所得财物，偷盖苏维埃临时中央政府管理科公章，仿造通行证私自贩运物资到白区出售，牟取私利。尤其是道德败坏，生活腐化堕落，诱迫奸淫妇女，为了谋妇夺妻掠取钱财，他竟然秘密杀害干部和红军军医。时任中共瑞金县委书记的邓小平拍案而起：“这是苏维埃临时中央政府成立以来发生的第一桩腐败案，此风不刹，何以了得！”毛泽东也亲自关注谢步升案，他力主严惩，并指示：“腐败不清除，苏维埃旗帜就打不下去，共产党就会失去威望和民心！与贪污腐化作斗争，是我们共产党人的天职，谁也阻挡不了！”1932 年 5 月 5 日，瑞金县苏维埃裁判部对谢步升进行公审判决，判处其死刑。谢步升不服，向中华苏维埃共和国临时最高法庭提出上诉。5 月 9 日，以中央政府司法人民委员梁柏台为主审的中华苏维埃共和国临时最高法庭二审开庭。经审理，在黑色事实的基础上驳回上诉，判决：“把谢步升处以枪决，在 3 点钟的时间内执行，并没收谢步升个人的一切财产。”这是红都瑞金打响的苏维埃临时中央政府惩治腐败分子的第一枪。谢步升是中共反腐败历史上被枪毙的第一个贪官，也是中华苏维埃共和国临时中央政府工农检察机关查办的第一个贪腐大案。

在十八届中央纪委六次全会上，习近平总书记指出：“民心是最大的政治，正义是最强的力量。”我们党的根基在人民。得民心者得天下，失民心者失天下，人民拥护和支持是党执政的最牢固根基。“我们党来自人民、植根人民、服务人民，党的根基在人民、血脉在人民、力量在人民。失去了人民拥护和支持，党的事业和工作就无从谈起。”2013 年 6 月，习近平总书记在党的群众路线教育实践活动工作会议上强调了党与人民群众的血肉联系。他指出，在任何时候任何情况下，与人民同呼吸共命运的立场不能变，全心全意为人民服务的宗旨不能忘，群众是真正英雄的历史唯物主义观点不能丢。

在思想观念多样化、价值取向多元化、利益主体复杂化的今天，更要时刻牢记和自觉践行党的根本宗旨，真正做到全心全意为人民服务。坚持和践行党的根本宗旨，首先必须进一步强化宗旨意识。要始终坚持为人民服务这种崇高的价值取向，始终以为人民服务作为终生追求。习近平总书记在十三届人大一次会议上强调：“我们必须始终坚持人民立场，坚持人民主体地位，虚心向人民学习，倾听人民呼声，汲取人民智慧，把人民拥护不拥护、赞成不赞成、高兴不高兴、答应不答应作为衡量一切工作得失的根本标准，着力解决好人民最关心最直接最现实的利益问题，让全体中国人民和中华儿女在实现中华民族伟大复兴的历史进程中共享幸福和荣光！”

践行党的根本宗旨，具有生动具体的实践内容，其实现途径也各式各样。要注意拓宽为人民服务的途径渠道，通过各种途径、渠道和方式，从各个方面去践行党的宗旨、服务人民群众。同时，还要注重践行宗旨的实效。要坚持正确把握最广大人民群众的根本利益、共同利益和不同群体特殊利益的关系，兼顾好各方面群众关系，同时，还要引导群众摆正个人利益和集体利益、局部利益和整体利益、当前利益和长远利益的关系，认真研究完善防范和纠错机制，真正从制度和体制上保证党的干部路线与政策得到贯彻落实。

正如习近平总书记所说：“中国共产党要担负起领导人民进行伟

大社会革命的历史责任，必须勇于进行自我革命，坚持立党为公、执政为民，深入推进全面从严治党，坚决扫除一切消极腐败现象，始终与人民心心相印、与人民同甘共苦、与人民团结奋斗，永远保持马克思主义执政党本色，永远走在时代前列，永远做中国人民和中华民族的主心骨。”

第四章

守公德：心底无私天地宽

政德

Chapter 4

“守公德，就是要强化宗旨意识，全心全意为人民服务，恪守立党为公、执政为民理念，自觉践行人民对美好生活的向往就是我们的奋斗目标的承诺，做到心底无私天地宽。”习近平总书记2018年3月10日在重庆代表团参加审议时做出的关于立政德要守公德的重要论断，为新时代党员干部特别是领导干部，恪守从政宗旨提供了根本遵循。

一、强化宗旨意识

习近平总书记指出，“衡量一名共产党员、一名领导干部是否具有共产主义远大理想，是有客观标准的，那就要看他能否坚持全心全意为人民服务的根本宗旨”。我们党的根本宗旨是全心全意为人民服务，坚持和践行党的根本宗旨，是我们党获得广大人民群众拥护和支持的执政基础，也是衡量每个党员干部政治品德和人格魅力的重要标准。

1. 增强宗旨意识，就是要把人民群众利益作为谋划发展的根本依据

毛泽东同志在《为人民服务》一文中，最明白不过地表达了全心全意为人民服务的宗旨，指出共产党和共产党领导的队伍，就是彻底地为人民利益工作的。毛泽东在《抗日战争胜利后的时局和我们的方针》一文中指出：“我们的责任，是向人民负责。每句话，每个行动，每项政策，都要适合人民的利益，如果有了错误，定要改正，这就叫向人民负责。同志们，人民要解放，就把权力委托给能够代表他们的、

能够忠实为他们办事的人，这就是我们共产党人。我们当了人民的代表，必须代表得好。”从毛泽东同志朴实的话语中，我们可以清晰地看到，党员干部与人民群众的关系，是公仆与主人、代表与被代表、服务与被服务的关系，而不是其他任何关系。

在各级党政机关办公区域的醒目位置，都能看到“为人民服务”这几个大字，它是我们党在领导中国人民进行革命斗争和现代化建设过程中要始终坚持的宗旨，是我们的优良传统。在革命战争年代，我们党在领导人民进行革命斗争的过程中，就始终把人民的利益放在首位。在井冈山时期，“一切行动听指挥，不拿老百姓一个红薯，打土豪要归公”的三大纪律就是党把人民利益放在首位，体现了党全心全意为人民服务的根本宗旨。在革命战争年代，涌现出了抗日民族英雄赵一曼，宁死不降的英雄杨靖宇等一大批把国家、人民利益放在首位的英雄典范。进入和平时期，虽然没有战场上危险重重的炮火连天，但为人民服务又有了新的内涵，涌现出了焦裕禄、孔繁森等耳熟能详的英模人物。一代又一代的共产党人用自己的实际行动践行着为人民服务这个根本宗旨，激励着一代又一代的共产党人。

无私奉献的典范，以前有，现在有，将来也会有。在新的历史条件下，在不同的行业，不同的工作岗位，共产党人为人民服务有着不同的内涵。2016年，习近平总书记对“时代楷模”李保国同志先进事迹做出批示指出：“李保国同志35年如一日，坚持全心全意为人民服务的宗旨，长期奋战在扶贫攻坚和科技创新第一线，把毕生精力投入到山区生态建设和科技富民事业之中，用自己的模范行动彰显了共产党员的优秀品格，事迹感人至深。李保国同志堪称新时期共产党人的楷模，知识分子的优秀代表，太行山上的新愚公。广大党员、干部和教育、科技工作者要学习李保国同志心系群众、扎实苦干、奋发作为、无私奉献的高尚精神，自觉为人民服务、为人民造福，努力做出无愧于时代的业绩。”

是什么样的干部能获得习近平总书记这样的赞誉？李保国生前是河北农业大学教授、博士生导师。他把太行山区生态治理和群众脱贫奔小康作为毕生追求，每年深入基层200多天，让140万亩荒山披绿，带领10万农民脱贫致富。常年高强度工作让李保国积劳成疾，2016年4月10日凌晨，58岁的他突发心脏病，经抢救无效去世。李保国去世后被追授“全国优秀共产党员”“时代楷模”“全国优秀教师”等荣誉称号。他的先进事迹被媒体广泛报道，在全社会引起热烈反响。

李保国同志用自己的实际行动，诠释着社会主义现代化建设时期为人民服务这个党的根本宗旨的内涵。习近平总书记在庆祝中国共产党成立95周年大会上的讲话中对于强化宗旨意识提出了明确要求：“坚持全心全意为人民服务的根本宗旨，实现好、维护好、发展好最广大人民根本利益，把人民拥护不拥护、赞成不赞成、高兴不高兴、答应不答应作为衡量一切工作得失的根本标准，使我们党始终拥有不竭的力量源泉。”作为领导干部要经常深入群众、深入基层，基层干部要坚守一线，拓宽社情民意反映渠道，准确把握人民群众的期盼愿望，深入了解人民群众的忧虑疾苦，努力使我们的决策部署、发展思路、工作重点符合人民意愿和时代要求。要更加自觉地坚持全心全意为人民服务的根本宗旨，把群众呼声作为第一信号，把群众需要作为第一选择，把群众满意作为第一标准，真诚听群众呼声，真情关心群众疾苦，真心解决群众困难，切实做到权为民所用、情为民所系、利为民所谋。

李保国就是这么做的，就像他的名字一样，李保国用自己的实际行动，用自己积劳成疾的身体，用自己的生命换来了万亩荒山披绿，10万农民脱贫，捍卫了为人民服务的宗旨。每一名共产党员都应该时刻牢记全心全意为人民服务的宗旨，把践行党的宗旨同自己的工作和言行紧密联系起来，始终保持同人民群众的血肉联系，求真务实，扎实工作。牢固树立群众观念，做到一切为了群众，真心实意为群众谋利益，把群众利益摆在首要位置，关心群众冷暖，热情地对待群众。以全心全意为人民服务的实际行动，积极做出贡献。

2. 增强宗旨意识，就是要牢固树立接受群众监督的意识

从人类社会发展的历史规律看，从中国共产党的成长历程看，出现错误是难免的，历史的每一次进步都是在纠正错误的过程中实现的。每个人都不可能是十全十美的，对待自身的不足和差距，首先要有清醒的认识，要有坚决改正的态度和行动，同时更要有自觉接受监督的意识，以诚恳的态度接受群众的批评监督，努力改正工作中的缺点和错误，不断完善和提升自己，使自己的言行更加符合共产党员的标准和要求。

邓小平同志在党的八大上指出，“我们需要实行党的内部的监督，也需要来自人民群众和党外人士对于我们党的组织和党员的监督”。增强宗旨意识，就要牢固树立接受群众监督的意识，最根本的就是要坚持群众路线。党员干部应该虚心向群众学习，自觉接受群众监督，

多办办好为民实事，纠正损害群众利益的行为，使从严治党，改进作风成为广大党员干部端正思想、增强党性、改进作风、提高本领的重要途径。

2016年10月24日至27日，党的十八届六中全会在北京举行，全会审议通过了《关于新形势下党内政治生活的若干准则》和《中国共产党党内监督条例》，如果说党内监督是我们党政治生活中的一种自我省察、自我净化，那么群众监督就可以说是我们党自觉引进和接受的一种外部审视、外力鞭策。习近平总书记在群众路线教育实践活动总结大会上指出：要发挥人民监督作用，织密群众监督之网，开启全天候探照灯，各级党组织和党员、干部的表现都要交给群众评判。

打铁还需自身硬，坚决破除形式主义、官僚主义、享乐主义和奢靡之风，最根本的是要虚心向群众学习，自觉接受群众监督。我们要坚持密切联系服务群众，认真听取群众的意见和反映，始终坚持相信群众，依靠群众，服务群众，坚持全心全意为人民服务的宗旨，坚持问政于民、问需于民、问计于民，认真改进作风而不回避问题和矛盾，真正把群众放在心坎上，以实际行动取信于民。

3. 增强宗旨意识，就是要诚心诚意为群众办实事、解难题

邓小平同志指出，“中国共产党党员的含义或任务，如果用概括的语言来说，只有两句话：全心全意为人民服务，一切以人民利益作为每一个党员的最高准绳”。群众路线是党的生命线，群众观点是共产党员革命的出发点和归宿。从群众中来，到群众中去，为人民服务，

为群众着想，是每一名党员领导干部的职责和义务。

现实生活中，一些党员、干部出现这样那样的问题，比如脱离群众、奢侈浪费、滥用职权、贪污腐化，说到底都是信仰迷茫、精神迷失，根本原因就是历史唯物主义观点不牢固。有了坚定的理想信念，站位就高了，眼界就宽了，心胸就开阔了，就能坚持正确政治方向，在胜利和顺境时不骄傲不急躁，在困难和逆境时不消沉不动摇，经受住各种风险和困难考验，自觉抵御各种腐朽思想的侵蚀，永葆共产党人政治本色。

共产党员是一个光荣的称号，共产党的干部更是一个特殊的职业。无论是作为一名党员，还是作为一名公职人员，都要以更高更严格的标准来要求自己，时时当模范，处处做表率，才能切实履行好党员的义务和工作的职责。“公生明、廉生威”，党员干部只有始终秉持一颗“公心”，才能在群众面前不骄纵、在下属面前不蛮横、在权力面前不失衡、在诱惑面前不投降，才能多一些深入基层、少一些脱离群众，多一些民生工程、少一些面子工程，多一些雪中送炭、少一些锦上添花，多一些艰苦奋斗、少一些享乐贪腐，才能真正做到想群众之所想，急群众之所急，解群众之所忧。

党和群众的关系是鱼水关系。没有水，鱼无法生存；没有鱼，水成了死水。人民是创造世界历史的动力，也是我们党生存发展的根本所在，我们党的宗旨是全心全意为人民服务，而不是半心半意或者三分之二的心和三分之二的意为人民服务。毛泽东同志指出，“群众是真正的英雄，而我们自己则往往是幼稚可笑的”。只有清醒地认识到“人民群众的历史地位、我们党的根本宗旨、群众观点的实现方法”，才能真正践行群众路线。

习近平总书记指出："工作作风上的问题绝对不是小事，如果不坚决纠正不良风气，任其发展下去，就会像一座无形的墙把我们党和人民群众隔开，我们党就会失去根基、失去血脉、失去力量。"作风问题不仅影响党员干部队伍的形象和战斗力，也动摇着我们党的队伍和根基。改进作风，不仅是保持和加强与人民群众联系的现实需要，也是落实群众路线的具体行动，要坚决杜绝官僚之风、慵懒之风、奢靡之风。

毛泽东同志说过："官气是一种低级趣味，摆架子、摆资格、不平等待人，看不起人，这是最低级的趣味，这不是高尚的共产主义精神。以普通劳动者的姿态出现，则是一种高级趣味，是高尚的共产主义精神。"当前，有些党员干部"官气"十足，说到底还是思想根源中残留的封建社会的"官老爷"思想作怪。必须要清醒地认识到，工作上有上下级之分，工作外是平等的同事关系；体制内有官和吏之分，在社会上都是人民的公仆和勤务员。

作风建设永远在路上，只有以踏石留印、抓铁有痕的劲头抓下去，善始善终、善做善成，防止虎头蛇尾，让全党全体人民来监督，让人民群众不断看到实实在在的成效和变化，才能够赢得群众的支持和拥护，才能够始终与人民群众保持血肉联系。我们的党员领导干部从群众中来，更要到群众中去。这不是一时一地之事，而是关系党和国家生存发展的永恒之事。

因此，我们要深入基层、深入一线、深入群众，了解把握经济社会发展的深刻变化，在以往经验的基础上，因地制宜地健全完善党员领导干部联系帮扶群众的长效机制，始终坚持群众路线。要结合以往的重点工作联系点和领导干部包片制度，科学安排领导干部联系点；要细化社情民意的收集处理程序，确保群众的意见和建议能够及时准确地收集整理上来，并且得到有效处理和答复；要明确职责，确保党员领导干部能够定期走访群众，群众反映的问题能够得到认真的研究和解决。

二、恪守立党为公、执政为民理念

在十三届全国人大一次会议闭幕式上，习近平总书记指出："中国共产党要担负起领导人民进行伟大社会革命的历史责任，必须勇于进行自我革命，坚持立党为公、执政为民，深入推进全面从严治党，坚决扫除一切消极腐败现象，始终与人民心心相印，与人民同甘共苦，与人民团结奋斗，永远保持马克思主义执政党本色，永远走在时代前列，永远做中国人民和中华民族的主心骨。"

"治天下也，必先公，公则天下平矣。"共产党人的"公"，就是人民。共产党人的初心和使命正是为人民谋幸福、为中华民族谋复兴。立党为公、执政为民充分体现了我们党"全心全意为人民服务"的根本宗旨，体现了我们党长期坚持的"权为民所赋，权为民所用"的执政理念。共产党人的权力"姓公不姓私"是坚持党的全心全意为人民服务宗旨的具体体现，是保持党的先进性的内在要求，是坚持和巩固党的执政地位的必然要求。

习近平总书记指出：“作为党的干部，就是要讲大公无私、公私分明、先公后私、公而忘私……作风问题都与公私问题有联系，都与公款、公权有关系。公款姓公，一分一厘都不能乱花；公权为民，一丝一毫都不能私用。领导干部必须清楚这一点，做到公私分明、克己奉公、严格自律。”

习近平总书记用“大公无私、公私分明、先公后私、公而忘私”来阐述共产党人应该如何处理公与私关系，为党员干部恪守立党为公、执政为民理念指明了具体方法和路径。恪守立党为公、执政为民理念，必须正确认识、处理公与私的关系，坚决摒弃各种私心杂念——决不能将权力当成谋取一己之私的工具，为个人、为亲朋好友、为小圈子谋取利益、换取好处；决不能用权力为个人的升迁服务，贪一时之功、图一时之名，搞劳民伤财的政绩工程，做糊弄事的表面文章；决不能沉溺于个人生活的安逸与享受，更不能碌碌无为、得过且过、尸位素餐、消极懈怠……

对于党员干部来讲，公德守好了，良好形象才能树立起来，经得起人民和历史检验的业绩才能创造出来。李保国踏遍太行山的沟沟坎坎，全然不顾重病缠身，“活着干，死了算”，只为让农民早日脱贫致富；廖俊波甘做人民的“樵夫”，兢兢业业、勤勤恳恳，不为个人的名与利，将百姓的幸福牢牢扛在肩上……这些优秀党员干部，与“绿我涓滴，会它千顷澄碧”的焦裕禄、与“草鞋书记”“泥腿书记”杨善洲等优秀党员干部一样，之所以创造出骄人的业绩、被人民牢牢记在心中，就是因为他们坚定践行“全心全意为人民服务”的根本宗旨，恪守了立党为公、执政为民的理念。

习近平总书记的“我是人民的勤务员”与周恩来我是人民的“总服务员”是何等的相似。周恩来作为人民的好总理，为了党和国家的发展，人民的幸福呕心沥血，日夜操劳。他反复强调“我们的一切工作都是为了人民的”，“我们国家的干部是人民的公仆，应该和群众同甘苦，共命运”，要“永远做人民忠实的勤务员”。他心系人民，急群众之所急，忧群众之所忧。只要是关系群众安危冷暖之事，他总是关怀备至、体贴入微。他多次奔赴抗洪前线、地震现场，哪里有灾情，哪里群众有困难，他就及时出现在哪里。1975 年，大手术之后，他依然牵挂着远在千里之外的云南锡矿工人的健康。他一生勤勤恳恳、呕心沥血、任劳任怨，一天工作时间超过 12 小时，有时在 16 小时以上。即使在病重住院的生命最后时期，他还抱病操劳国事，以至于越南前国家主席胡志明曾对周恩来提出个人的唯一请求：“请为了中国人民和世界人民的利益，每天多睡两小时！”

逝世前，周恩来交代说：“把我的骨灰撒到江河大地去做肥料，这也是为人民服务。活着为人民服务，死后也要为人民服务。”他说：“死我并不怕。古人说，人活七十古来稀，我已是七十七岁多的人了，也算得上是高寿了。可是这二十几年的时间，总应该把国家建设得好点，人民的生活多改善一些，去马克思那里报到，才感到安心。现在这种状况去报到，总感到内疚、羞愧。”“人民总理爱人民，人民总理人民爱”，人民群众用朴素的语言表达了对周恩来同志最真挚的感情。

1976 年 1 月 8 日，周恩来逝世时，设在美国纽约的联合国总部门前的联合国旗降了半旗。

周恩来用自己的实际行动向我们彰显了一名共和国总理立党为公、执政为民的理念，即使是1974年1月到6月住院期间，他每天仍坚持工作，工作时间在12小时至14小时的有9天，在病情最严重的时候，周恩来仍有半数以上的日子工作时间超过8小时。周恩来没有儿女，也没有留下遗骨，但为我们留下了宝贵的精神财富，生动诠释了共产党人立党为公、执政为民的内涵。

作为我们的好总理，周恩来同志可以说是立党为公、执政为民的典范。在目前市场经济深入人心，人们受多元化价值观念冲击的今天，立党为公、执政为民仍然是我们共产党人应该遵守的。人可能都会有私心，每个人在生活过程中都会考虑到自己的利益，有些人把个人利益放在首位也无可厚非，但是作为共产党员，应该时刻牢记立党为公、执政为民的理念。常熟市蒋巷村党委书记常德盛，就是新时代党员坚持立党为公、执政为民的典范。

常熟市蒋巷村今天已成为产值超10亿元的富裕村，被评为全国文明村、国家级农业现代化建设示范村，成为继华西村之后另一个吸引全国各地争相组团参观学习的明星村。然而更为人所称道的却并不是这些“无情”的数字，而是隐藏在这些数字背后的一个共产党员的人格魅力，这个人就是常德盛——常熟市支塘镇蒋巷村党委书记。他让蒋巷村民住进了220平方米的农民别墅，而他自己却仍住在集体公寓；他让村民人均年收入超过12000元，而他却只拿上级核定工资的零头；他把常盛集团打造成了全国知名的大型企业，却拒绝了应得的1000万元股份。更让村民称道的是，他不仅将自己的利益往后放，家人的利益在他那里也往后放。

常德盛有一子一女，尤其令人称道的是其子常惠忠，任常盛集团四个子公司之一的董事长、总经理，颇有乃父风范。常德盛对儿子一向要求很严，寄予厚望。常惠忠也没有辜负常德盛的期望，吃苦肯干，凭自己的能力当上了常盛子公司的老总。然而常德盛却表示，儿子不接他的班。常德盛说："严格要求孩子是做父亲的责任，但在工作上他和普通群众一样，共产党员不搞家族制，所以我不会让儿子接我的班。他有本领，他可以自己成长；他没有本领，给他再多也不能胜任，越多越浪费。"

常德盛亲自选定接班人，一个外村人陈建忠。常德盛简短解释了选择陈建忠作为接班人的原因："除了他的经历之外，他在七八年前来到蒋巷，我一直看着他成长，经过多年的考察，我认为他在思想品质、工作能力、热情各方面都堪称优秀，完全符合担任蒋巷村当家人的条件。退休之后，我会扶持他一年，一年之后，这个担子将会完全压在他的肩上。"不仅在自己的子女上，常德盛做到大公无私，在自己的亲戚朋友上，常德盛也秉承立党为公的理念，树立了党员干部的表率。

常德盛的弟弟常德茂承包着村里十几亩的水面以养鱼为生，受到自然条件的限制，经济效益不高。许多人劝他，你哥哥是村里的书记，又是年产值超 10 亿元的集团董事长，为啥不找你哥哥给你安排个轻松点的岗位呢？

常德茂当然想过，但是常德盛就是不帮这个忙，说了几次都没下文，不要说安排工作，就是一点小忙常德盛也没有帮过弟弟。有一次他求哥哥帮着推销一点螃蟹，结果哥哥说："你的螃蟹又不是阳澄湖大闸蟹，人家不要的。”常德茂要哥哥帮着卖鱼，常德盛又说：“村里还有其他人养鱼，要是我帮你了，其他人那边我怎么交代？”

作为党的干部，常德盛带领村民发家致富，将集体利益、群众利益放在第一位，将家庭、亲戚的利益放在次要位置，这种大公无私的精神值得每名共产党员学习。共产党员如果都能像他这样，就必能保持党与人民群众的血肉联系，使党焕发出旺盛的生命力，带领国家实现现代化，实现中华民族的伟大复兴。反之，假若共产党人带头先私后公、假公济私，那么我们党就会脱离群众。“水可载舟，亦可覆舟”，脱离人民群众就会使党失去民心，失去中华民族实现伟大复兴的历史机遇。

所有党员干部都应按照习近平总书记的要求，不忘初心、牢记使命，修好公德、守好公德，用立党为公、执政为民的理念，用全心全意为人民服务的实际行动，践行人民对美好生活的向往就是我们的奋斗目标的承诺，当好人民的勤务员，树好整个社会道德建设的风向标。

三、既做显功也做潜功

习近平总书记在参加十三届全国人大一次会议山东代表团审议时指出：“功成不必在我并不是消极、怠政、不作为，而是要牢固树立正确政绩观，既要做让老百姓看得见、摸得着、得实惠的实事，也要做为后人作铺垫、打基础、利长远的好事，既要做显功，也要做潜功，不计较个人功名，追求人民群众的好口碑、历史沉淀之后真正的评价。”

在中国的传统文化中，“建功立业”与“青史留名”是人们追求的一种境界，青史留名是更高的追求。习近平总书记反复强调“功成不必在我”，对树立正确的政绩观做出了极富辩证思维的阐释。作为党员干部，应该树立正确的政绩观，在社会主义现代化建设过程中树立“功成不必在我”的理念，既做显功也做潜功，坚持求真务实、干字当头，干出实打实的新业绩，干出群众的好口碑。

在《之江新语》中，习近平总书记称赞谷文昌说：“福建东山县的县委书记谷文昌之所以一直受到广大干部群众的敬仰，是因为他在任时不追求轰轰烈烈的‘显绩’，而是默默无闻地奉献，带领当地干部群众通过十几年的努力，在沿海建成了一道惠及子孙后代的防护林，在老百姓心中树起了一座不朽的丰碑。这种‘潜绩’，是最大的‘显绩’。我们常讲的金杯银杯，不如老百姓的口碑；金奖银奖，不如老百姓夸奖，说的就是这个道理。”

千百年来，东山人民被风、沙、旱、涝压得抬不起头、喘不过气。那里流传着这样的民谣：“春夏苦旱灾，秋冬风沙害。一年四季里，季季都有灾。”“微风三寸土，风大石头飞。”据中华人民共和国成立时的记载，东山一年中刮六级以上大风的时间长达150多天，在全岛194平方公里的土地上森林覆盖率仅为0.12%。中华人民共和国成立前的近百年间，风沙吞没了13个村庄，1000多座房屋，3万多亩耕地。1949年全岛6万多人，有2000人死于天花，外出当苦力、当乞丐的占十分之一。地处风口的山口村共900多人，讨饭的就有600多人。山口、湖塘两村的1600人中因风沙为害而患红眼病、烂眼病的400多人，失明或半失明的 90 多人。海岛东南部横亘着 30 多公里长的沙滩，茫茫一片，寸草不生，还有 40 多个流动沙丘，沙随风势不断向人们进逼。有田无法种，种了无收成。粮囤空空，锅里煮着青菜，一年到头缺吃缺烧，许多人扶老携幼，拿着空篮破碗外出讨饭，乘船过海到陆地上割草砍柴。

谷文昌到东山了解到这一情况后，下定决心，要率领群众战胜风沙，根治旱涝，并发出誓言：如不治服风沙，就让风沙把我埋掉。他带领干部群众在百里海滩上摆开战场，多次组织群众筑堤拦沙、挑土压沙、植草固沙、种树防沙，在全县掀起轰轰烈烈、扎扎实实的全民造林运动。至 1964 年，全县造林 8.2 万亩，400 多座小山丘和 3 万多亩荒沙滩基本完成绿化，194 公里的海岸线筑起了“绿色长城”。谷文昌还发动群众挖塘打井、修筑水库、开发利用地下水资源，缓解旱情。他坚持深入基层、深入群众，经常开展访贫问苦活动并参加生产劳动。基层干部来汇报工作，什么时候都不烦，普通群众来反映问题，三更半夜也不嫌。他常年深入农村，挽起袖筒植树，卷起裤腿犁田，拿起钢钎打石头。他带领群众大力发展生产，实现粮食亩产过千斤，群众称他为“谷满仓”。谷文昌病逝后，当地群众把他的骨灰埋在东山岛上，每逢敬宗祭祖时节，都有老百姓祭奠这位为东山人民造福的共产党人。许多人带着朴素的感情到碑前缅怀：“谷书记，你领导我们战胜贫困，送走穷神，我们不会忘记！”

经过全县人民的不懈努力，截至 2003 年，东山全县林地面积达 12 万亩，森林覆盖率达 36%，绿化率达 96%。据林业部门测定，岛上风力减弱了 41% -61%，冬温提高了 1.5 摄氏度，蒸发量减少 22%，相对湿度提高 10% -25%。过去颗粒无收的沙地，现在不仅可以种植粮食作物，而且大量种植优质高效的经济作物，荔枝、龙眼、杧果也已在这里安家落户。一个个荒沙村，彻底摆脱了风沙之苦，人们生活在枝繁叶茂、绿树成荫、花红草绿的优美环境中。一些富裕起来的小康村年人均收入6000多元，粉墙红瓦的别墅楼林立成片。人们面对蓝天碧波，无忧无愁，抚今追昔，怎能忘怀当年与他们同甘共苦的谷书记呢！

2015年1月12日，习近平总书记同中央党校第一期县委书记研修班学员进行座谈时，重点谈到怎么做“四有”县委书记——心中有党、心中有民、心中有责、心中有戒，再次谈到要以谷文昌作为榜样，还回忆起了东山岛的沙滩，盛赞东山的沙滩很漂亮。习近平总书记说道：“我经常提到五六十年代福建东山县县委书记谷文昌，他一心一意为老百姓办事，当地老百姓逢年过节是‘先祭谷公，后拜祖宗’。”

谷文昌通过带领东山人民几十年努力奋斗，彻底改变了东山县的面貌，而这个改变，是在经过几十年的努力后得到的，是通过几十年的默默付出，埋头苦干和潜心钻研得到的。党员干部，尤其是领导干部在工作过程中，应该学习谷文昌这种甘于默默付出，不求张灯结彩的优良作风，甘做铺垫性的长期工作，甘于默默无闻地奉献。

1. 甘做铺路石，修好“面子”，还要缝好“里子”

打好基础是一种“潜政绩”，在前任基础上可持续发展，稳步前进，是科学发展的需要。作为党的各级领导，干工作的终极目标，不是为了做给上级看，而是要让广大人民群众得到实实在在的利益。一些官员热衷短期工程，不外乎可以快出政绩，快速升迁。在过去很长一段时间里，我国发展的重心一直在经济建设上，不少官员把经济指标看成“王道”，仿佛GDP高就代表着经济繁荣、社会和谐、百姓安居乐业，抓好它才能体现出自己的政绩。但是现实已经一次次警醒，他们是错的。

被称为“三狂州长”的云南省楚雄彝族自治州原州长杨红卫，曾凭借经济建设“成就”一路平步青云。诚然，他主政楚雄的5年曾被誉为当地经济发展最快最好的5年，但是这种发展背后却是严重的钱权交易和土地腐败。杨红卫认为社会管理一类的软项目都是在务虚，平时不用花心思，只要自己能够做出大的经济项目，就能升官发财。他强力铺摊子，疯狂上项目，投资150亿建设“万国总统府”，投资120亿建设旅游产业城，投资上百亿建设葡萄酒城……这些“看上去很美”的大项目都是些脱离实际、劳民伤财的政绩工程。楚雄州一度在全国30个民族自治州里综合实力位居第二，但是后来被远远甩在后面，全州政府负债高达140余亿元，其中州本级财政负债近50亿元。

不只是杨红卫，很多地方执政者最看重的都是经济指标这一看似最“硬”的政绩。因为地方财政收入留成额与当地经济发展水平最为相关，且经济指标是和个人升迁联系最为紧密的硬指标。地方政府常常忽视了提供公共服务的行政机构职能，而变成了一个最大限度追求本地经济利益的组织。

GDP数字是看得见的硬政绩，是“显功”，官员自然喜闻乐见；社会风气、生活环境、民众幸福感等则属于软性政绩，是“潜功”，通常轻易被放在遗忘的角落。其实，发展经济的最终目的，就是让老百姓过上舒心畅意的生活。没有经济增长不行，没有社会和人的全面发展也不行。从可持续发展看，缝好“里子”比修饰“面子”更为重要。

安徽省原副省长王怀忠落马前曾“点拨”过一个多年追随他的县委书记：“你知道什么是政绩吗？让我看见的才是政绩！”王怀忠的话很有代表性，对一些地方官员来说，如果领导看不见，就不能给自己带来好处，所以即使是人民群众迫切需要解决的现实问题，他也可能熟视无睹、置若罔闻；而如果领导看得见，没钱就是借贷也要上项目。

“让领导看见”正是很多地方领导的“心声”和做法。他们做事情的出发点是为个人攒政绩，而不是为群众谋利。在现实中，不少下级官员往往都有着“超乎寻常”的察言观色本领，上级领导的一句话或一个表情，他就能解读出好几层意思，并迅速以扩大化趋势去落实。甚至是一些错误的决策，执行起来仍坚定不移。究其原因，他们的目的不是全心全意为人民服务，而是让领导满意就行。

诚然，在目前的权力运行机制中，官员的“官帽子”是上级在“主宰”，让上级满意，对上级负责，是很多官员的“首选”。其实，按中央提出的“权为民所用，情为民所系、利为民所谋”的要求，对上负责应是对上级组织负责，根本目的也是对下负责，两者统一为“执政为民”四个字。若没有做到对下负责，对上负责就演变成了对上级某个领导负责。这不仅是官员的认识问题，也是其能力和素质问题。

“短平快”的政绩，面子光鲜，却可能埋下了长久的隐忧。其实，培养党员干部更重要的是要培养其长远眼光。否则，就是只对本届班子负责不对下届班子负责、只对自己负责不对后任负责、只对当前负责不对长远负责的行为，让“前任班子的政绩成为后几任班子的包袱”，最终让民众来买单。

2. 树立“功成不必在我”的理念

党员干部在任期内不能完成的事情，也要为下一任干部打好基础；对继任者来说，上任领导班子正确的决策和目标，要继续干下去，做到善始善终，这样才能够真正赢得干部群众的认可。在这个问题上，林县历届党委带领 30 万林县人民，发扬了“自力更生、艰苦创业、团结协作、无私奉献”的精神，苦战 10 个春秋，仅仅靠着一锤，一铲，两只手，在太行山悬崖峭壁上修成了这全长 1500 公里的红旗渠。可以说是当地党委一班人注重潜政绩，谋求长远发展的典范。

林县位于太行山东麓，河南省的西北角，与山西、河北接壤，全县山岭起伏，沟壑纵横，土薄石厚，十年九旱，曾十分贫穷。“光岭秃山头，水缺贵如油，豪门逼租债，穷人日夜愁。”昔日林县人民世代挣扎在饥寒交迫之中。中华人民共和国成立前全县有 70% 的人口常年翻山越岭到几里甚至 20 里以外去挑水吃。一位媳妇挑水时，因不慎摔倒，把水倒了，回家上吊身亡。有的人被一桶水逼得妻离子散，悲剧重生。因为缺水，林县 96% 的地区是光岭秃山。

1944 年林县解放，党和政府给林县以极大的关注，先后打了两千余口井，但对一个地域广阔的贫困山区仍是杯水车薪。1957 年县委提出“重新安排林县河山”的号召，修建了三座小型水库和英雄渠，但仍然摆脱不了干旱的威胁。多年同旱魔抗争的林县领导认识到，要从根本上解决干旱问题，必须采取引蓄相结合的方法，将山西的漳河水引入到河南林县，除此之外别无选择。但要用锤头、铁锨、双手在悬崖绝壁上开挖几千公里渠道及建造几千座附属建筑物并非易事。

在三年自然灾害生死攸关的紧张形势下，1960 年 2 月 10 日，县委召开了“引漳入林”实施大会。11 日在县委书记杨贵的带领下，浩浩荡荡的建渠大军开赴太行山里漳水河畔，3.7 万名民工挤在峡谷、山村，面临缺少住房、道路不畅、天气寒冷等困难，尽管山西省平顺县沿渠社队群众腾出 230 间房子，但队伍压境，房子远不够用。

在这种情况下，谁也毫无怨言，自己动手，战胜困难，几个布篷撑起来，就是指挥千军万马的总营帐，三个石头支起来，就是烧锅煮饭的伙房。有的住山洞，睡席棚，有的住在山崖下，白天到山上割草，夜里铺在石板上便是“床”。有的村庄优先照顾妇女，搭起席棚先让她们栖身。

就是在这样艰苦的条件下，林县人民创造了世界水利第八大奇迹。红旗渠建成通水 40 多年来，共引水 85 亿立方米，灌溉面积 8000 万亩次，增产粮食 15.9 亿千克，促进了当地经济和社会事业的发展。

在市场经济条件下，红旗渠精神教育和生态旅游功能也日益凸显，形成了以红旗渠爱国主义教育游和太行山大峡谷绿色生态游的“一红一绿”交相辉映的旅游品牌。红旗渠年均净创效益 4000 多万元，40 年来共创效益 17 亿元，相当于建渠总投资的 23 倍。红旗渠被林县人民称为“生命渠”“幸福渠”。它的修建不仅从根本上改变了林县人民的生存条件，促进了林县的经济发展，而且孕育产生了红旗渠精神。

修建红旗渠，时间长达十年，而它的经济效益，对于地区发展的综合影响，需要十几年、几十年甚至更长的时间才能显现，这是标准的利在千秋的潜功。作为党员，尤其是党员领导干部，应该学习林县各级党委班子成员考虑发展大计，放眼长远的优良作风，不急功近利、竭泽而渔，不只图一己私利、个人升迁，而牺牲老百姓的利益。如果只满足于做表面文章，误了发展、苦了百姓，只能遭世人唾弃。

一个地方的发展，不是一朝一夕、三年五载的事，而是一场接力赛，需要领导干部带头一年接着一年干，一件接着一件做，这样才能久久为功、善做善成。新时代的党员干部更应主动适应这种新常态，发扬“毛竹精神”，扎根当下、立足长远，这样才能为当地发展积蓄力量，赢来后期的快速健康“成长”。

四、保持敬畏之心

“心存敬畏”，不仅仅是为官之道，也是为人之道。从周公的“一沐三捉发，一饭三吐哺”到召公的“甘棠听讼”；从孔子的“君子以恐惧修省”到曾国藩的“心存敬畏之心，方能行有所止”，“心存敬畏”一直是中华民族仁人志士追求的为人为官的一种境界。而作为共产党人的心境和胸怀更要高于这种境界。但如何做到“心存敬畏”，我们认为至少必须坚守两条底线：即敬畏宪法法律和党纪政纪。

1. 敬畏宪法法律

全面推进依法治国，总目标是建设中国特色社会主义法治体系，建设社会主义法治国家。这个总目标的确立，对于推进我国科学立法、严格执法、公正司法、全面守法等方面具有深远影响。

党的十八大以来，在习近平总书记的坚强领导下，党坚持“老虎、苍蝇”一起打，既坚决查处领导干部违纪违法案件，又切实解决发生在群众身边的不正之风和腐败问题。五年来共立案侦查职务犯罪254419人，较前五年上升16.4%，为国家挽回经济损失553亿余元。其中，涉嫌职务犯罪的县处级国家工作人员15234人、厅局级2405人。党的十八大以来，检察机关对120名原省部级以上干部立案侦查，对105名原省部级以上干部提起公诉。另一方面，坚持开展查办和预防发生在群众身边、损害群众利益职务犯罪专项工作，在民生领域查办“蝇贪”62715人，反腐败斗争压倒性态势已经形成。

这些官员之所以成为阶下囚和“万人唾”，最根本的就是他们忘记了自己的身份，心中无法，眼中无纪，心存侥幸，贪欲熏心，心理失衡，以致酿成大错。中央纪委监察部网站自2015年2月底推出《忏悔与剖析》栏目，披露了不少违纪违法者的悔过书。这些违纪官员在反思自己的腐败原因时，都表现出对于法律法规敬畏程度不够，提及最多的或是侥幸，或是贪欲，或是不平衡的心态。

四川省农业厅原副厅长胡相全在担任四川省简阳市委副书记、书记，资阳市委常委、组织部部长，四川省农业厅副厅长、巡视员期间，利用职务上的便利，多次收受下属单位和个人、企业负责人等所送礼金，涉案总金额折合人民币 1067 万元。

在胡相全的自我反省与检查材料中，其曾提到自己在与下级干部交往过程中，大肆收受红包礼金，金额从几千元到几万元甚至十余万元不等，涉及人数众多，收受金额之大，连他本人事后都不敢相信。

而胡相全在悔过书中反思说："对收受红包礼金问题，最初阶段，我是不情愿也是反对的，当面拒绝、退还过，甚至还给予批评。""到后来，随着岗位权力、影响力不断扩大，奉承话、恭维话听多了，就飘飘然了，对接收红包礼金的行为慢慢放松警惕，总觉得红包是人家主动送来的，收下好像也没亏欠别人，久而久之，送礼的人多，收的钱也越多。"

河南省沁阳市供销合作社农业生产资料公司原经理徐国旗在悔过书中说："为什么有的人能够坚守住、管住自己，而我却没有呢？其中还有一个侥幸心理在作怪，以为自己'操作'得更'巧妙'，不会被发现，不会出问题。"

湖北省经济和信息化委员会原副主任、省无线电管理委员会办公室原主任夏平也在悔过书中表示，自己"法纪意识淡漠，自作聪明，心存侥幸是成因。收受贿金，自以为是一次性的交道，以后再也不来往了，不会有问题，没有去想'要想人不知，除非己莫为'的道理"。

由此可见，侥幸心理在以往的腐败案例中并不鲜见，一些党员领导干部的腐败经历表明，正是由于心存侥幸，对法律无敬畏之心，他们才将腐败动机转化成为腐败行为，逐渐从违纪走向犯罪。

同时，心理"不平衡"也是一个重要原因。2016 年 5 月，《忏悔与剖析》栏目披露了重庆市城口县人大原党组书记、主任于少东案件警示录。

幼年时期，于少东曾饱尝食不果腹之苦，他至今仍然记得在庄稼地捡拾粮食和用野菜杂粮充饥的情形。1978 年，于少东以优异的成绩考取了四川医学院。大学毕业后，于少东主动要求回到偏远的城口县工作。踏上仕途之后，他用 20 年的时间从县医院院长升到县人大常委会主任，几乎每隔 4 年左右就获得一次提拔。

于少东在悔过书中说："2003 年担任政府常务副县长之后，随着我县锰矿开发的不断升温，一些名不见经传的人很快腰缠万贯发了迹。"在长期交往中，于少东与这些发了财的锰矿老板们逐渐成了"兄弟伙"，喝酒、打牌，看别人一顿饭就消费几千上万元，而自己辛苦一年的工资还抵不了几顿饭钱。"我的心理也就渐渐失去了平衡。"于少东说，渐生了追求额外金钱的欲望。

在典型违纪违法案例中，由于心理不平衡导致腐败行为的比例比较高，一方面说明这些领导干部的理想信念"总开关"没有关好，对法律的敬畏之心全无；另一方面也说明一个时期的不良政治生态造成一些领导干部追逐个人利益和物质享受。

心存贪念是腐败产生的根本原因。2011 年 11 月的一天，徐州市泉山区某街道办事处魏某来到了时任泉山区委书记张引的办公室，恭恭敬敬地递上了一张 5 万元的银行存单："张书记，这是我们街道给您发的拆迁项目的奖金，密码和以前一样，就是存款日期。"

张引很自然地收下了。案发后统计，2007 年 9 月至 2012 年 10 月，张引先后收受 8 个街道和两个单位所送的"拆迁奖金"等 40 次，共计人民币 139.7 万元，平均每个月收到两三万元。

张引在悔过书中说:“由于我利欲熏心,自私和贪婪不断升级。”“我拿‘奖金’是公开的，特别是担任书记后，‘奖金’一年比一年多，这还不够，我甚至巧立名目私分公款，表面上把奖金作为鼓励先进，实则是为了个人敛财的方便。”张引说，“有时长时间拿不到‘奖金’，我还会主动打电话‘询问’:项目进行得怎么样了，加快进度啊，大家都比较辛苦,该鼓励的要鼓励啊!得到了这种暗示,他们也就心领神会。”

2014 年 5 月，张引因受贿罪和滥用职权罪被判处有期徒刑 11 年。

2. 敬畏党纪政纪

敬畏法律法规是对包括党员在内的全体公民来讲的，但是敬畏党纪政纪，则是对党的各级组织和全体党员的特殊要求，这也是有别于普通公民的重要标志。实际上从党的历史上看，严守党的纪律、自觉接受党的纪律约束，这也是我们党立于不败之地的重要政治优势。

要敬畏党章。党章是我们党的总章程，是党内的宪法，集中体现了党对各级党组织和党员的规范要求，也是党的各级组织和党员必须遵守的准则，更是制定党内其他规章制度和规范性文件的依据所在。习近平总书记指出：“党要管党、从严治党，靠什么管，凭什么治?就要靠严明纪律。”把纪律和规矩挺在前面，是党要管党的治本之策。用党章党规党纪管住 430 多万个党组织，管住 8900 多万党员，才称得上真正意义上的从严治党。

2016 年 1 月 12 日，习近平在第十八届中央纪委会六次全会上发表重要讲话时指出：“全面从严治党首先要尊崇党章。”“各级党委和纪委要首先加强对维护党章、执行党的路线方针政策和决议情况的监督检查，确保党的集中统一，保证党中央政令畅通。各级纪委要全面履行党章赋予的职责，带头尊崇党章，把维护党章和其他党内法规作为首要任务，加强对遵守党章、执行党纪情况的监督检查，严肃查处违反党章党规党纪的行为，坚决维护党章权威，做党章的坚定执行者和忠实捍卫者。”

但是现在的问题是有不少党员领导干部并没有把党章当作一回事，早把党章中所规定的党员权利和义务等抛在了脑后，对党章缺乏应有的敬畏之心，对学习了解党章、遵守党章缺少自觉性和能动性，这显然是党性不强的表现。

比如周永康、薄熙来、徐才厚、郭伯雄、令计划、苏荣等人，是怎么从党的高级领导干部走到人民的对立面上去的？他们自认为身居高位，谁也管不了，在他们眼里，哪里还有党章，哪里还有规矩？正是这个原因，他们与党离心离德、结党营私、卖官鬻爵、为所欲为，最终倒在反腐铁拳之下，成为党和人民的罪人。其结局可悲，其教训深刻。

现实中，一些党组织软弱涣散、缺乏战斗力，一些党员党的意识淡薄、组织观念淡化，一些领导干部理想信念动摇、宗旨观念不强，说到底都与党章意识不强，不了解党章要求，不能很好地遵守党章、贯彻党章有关。针尖大的窟窿能透过斗大的风。组织也好，个人也好，对这些现象应该引起高度重视，严格对照党章，把自己摆进去，认真查摆原因，切实解决管党不够全面、治党不严不实的问题，防患于未然。具体地说，就是要落实习近平总书记提出的要求，“在各级党组织的全部活动中，都要坚持引导广大党员、干部特别是领导干部自觉学习党章、遵守党章、贯彻党章、维护党章，自觉加强党性修养，增强党的意识、宗旨意识、执政意识、大局意识、责任意识，切实做到为党分忧、为国尽责、为民奉献”。

对于全体党员来说，如果说遵守国家的法律法规是基本义务，那么学习和遵守党章则是高于普通公民的一种特殊要求，因为党章中对党的各级组织和党员哪些能做，哪些不能做都已经规定得很清楚，这实际上是一条贯穿于党内各种规章制度的“大红线”，《中国共产党纪律处分条例》《中国共产党廉洁自律准则》等各种党纪政纪也是根据党章制定的，这是敬畏的源头活水，掌握了党章，其他党纪政纪也就更容易理解消化。因此，党员干部应该成为敬畏党章、忠于党章、学习党章、维护党章和遵守党章的榜样和标兵。

以往在我们的监督、执纪和问责过程中，有些党组织往往把党的纪律当作保护党员干部的一道“天然屏障”，有的还成为违法乱纪者讨价还价和抵消法律处罚的砝码，甚至还被人误认为纪律处分是保护党员领导干部的一种手段。而现在不行，党纪政纪已经回归本源，纪律已经成为先于、高于和严于法律的对党员干部的刚性约束。正如习近平总书记提出的“四个全面”，其中最为重要的“全面”就是要“全面从严治党”，“从严治党”的关键就是要求我们的党员干部要敬畏党的政治纪律和政治规矩，要把“纪律挺在前面”，要让纪律立起来、严起来和执行起来。

在我党的历史上，从严治党的案例有很多，最著名的莫过于黄克功。黄克功1927年随毛泽东参加革命，1930年加入中国工农红军，同年入党。他参加过井冈山斗争和两万五千里长征，历任红军班长、排长、连长、营政治教导员、师政治部宣传科长、团政委，在二渡赤水的娄山关战役中立大功。因同是江西人，他曾多次帮助贺子珍渡过难关。

1935 年 10 月，黄克功随七千人的红军陕甘支队达到陕北，任抗大第二期第十五队队长，期间与队员刘茜互生好感，经常通信往来，有了朦胧的爱情。1937 年 9 月，陕北公学成立，抗大第十五队全体人员拨归陕北公学，于是，刘茜也随队转入陕北公学学习。黄克功调任抗大任第六队队长，两人接触渐少，关系渐渐疏远。

1937 年 10 月 5 日晚，黄克功来到陕北公学，约出刘茜，在延河边谈话。黄克功迫切要求刘茜答应与他结婚，态度强硬。刘茜以自己来延安是学习、追求进步且才十六岁为由，暂不打算嫁人。刘的态度加深了黄对刘移情别恋的怀疑，遂拔枪威胁。刘见状赶紧跑开，边跑边呼救命，黄遂开两枪击杀了刘茜。

在国统区，国民党的喉舌《中央日报》则将其作为“桃色事件”大肆渲染，攻击和污蔑边区政府“封建割据”“无法无天”“蹂躏人权”。这些叫嚣，一时混淆了视听，引起了部分不明真相人士的猜疑和不满。

事件发生后，中共中央、边区政府高度重视，中共中央和中央军委在毛泽东主持下召开会议，经过慎重讨论，决定将黄克功交给边区高等法院进行公审。1937 年 10 月 12 日，陕甘宁边区高等法院判决黄克功死刑、立即执行。

得知死刑判决，黄克功表示愿意战死疆场：“死刑如果是必须执行的话，我希望我能死在与敌人作战的战场上，如果允许，给我一挺机关枪，由执法队督阵，我要死在同敌人的拼杀中。如果不合刑律，那就算了。”

为此，毛泽东百忙中给边区高等法院院长雷经天写了一封信，临行刑前送达公审会场，并公开宣读：

雷经天同志：

你的及黄克功的信均收阅。

黄克功过去的斗争历史是光荣的，今天处以极刑，我及党中央的同志都是为之惋惜的。但他犯了不容赦免的大罪，以一个共产党员、红军干部而有如此卑鄙的，残忍的，失掉党的立场的，失掉革命立场的，失掉人的立场的行为，如为赦免，便无以教育党，无以教育红军，无以教育革命者，并无以教育做一个普通的人。因此中央与军委便不得不根据他的罪恶行为，根据党与红军的纪律，处他以极刑。正因为黄克功不同于一个普通人，正因为他是一个多年的共产党员，是一个多年的红军，所以不能不这样办。共产党与红军，对于自己的党员与红军成员不能不执行比较一般平民更加严格的纪律。当此国家危急革命紧张之时，黄克功卑鄙无耻残忍自私至如此程度，他之处死，是他自己的行为决定的。一切共产党员，一切红军指战员，一切革命分子，都要以黄克功为前车之戒。请你在公审会上，当着黄克功及到会群众，除宣布法庭判决外，并宣布我这封信。对刘茜同志之家属，应给以安慰与抚恤。

“共产党与红军，对于自己的党员与红军成员不能不执行比较一般平民更加严格的纪律。”这就是毛泽东同志对于从严执行党规党纪的具体要求。党的纪律包括政治纪律、组织纪律、群众纪律、工作纪律、廉洁纪律、生活纪律等，显然我们要敬畏的就是这些纪律，其中最重要、最根本、最核心和最关键的是要敬畏党的政治纪律，这是敬畏所有党纪政纪的底线，也是保护自己的最有效方法。“全面从严治党”和“把纪律挺在前面”，就是要求各级党组织真正做到纪律严于、高于和先于法律，从法律的零容忍到纪律的零容忍，让纪律树立公信权威，让纪律通上高压电，做到令行禁止，用纪律管住大多数党员，把从严治党落实到关键点和实处。

要敬畏党的政治规矩。2015 年 1 月 13 日，在十八届中央纪委五次全会上，习近平在讲话中提出了“政治规矩”一词，由此这一提法走进了公众视野并受到社会广泛关注。党的政治规矩，就是那些“经过实践检验、约定俗成、行之有效的不成文的自我约束的规矩”，这也是“全体党员必须遵守的行为规范和规则，是党的生命线”。

2015 年年初发布的《习近平关于党风廉政建设和反腐败斗争论述摘编》中，对“不守政治规矩”的现象作了总结：在原则立场上，不守规矩主要体现为不能自觉与党中央保持一致，包括“在原则问题和大是大非面前立场摇摆”，“对涉及党的理论和路线方针政策等重大政治问题公开发表反对意见”，甚至是“对中央方针政策和重大决策部署阳奉阴违”，“口无遮拦，毫无顾忌”。在党内团结方面，不守规矩的主要体现，是“团团伙伙”、小山头、小圈子、宗派主义。

2015 年 2 月 13 日，隋凤富（黑龙江省人大常委会原副主任）、秦玉海（河南省人大常委会原党组书记、副主任）、武长顺（天津市政协原副主席、市公安局原局长）、杜善学（山西省原省委常委、副省长）成为首批被中央纪委通报违反政治规矩的干部。

中央纪委在对隋凤富的通报中称，隋凤富身为党的高级领导干部，“严重违反党的政治规矩和组织纪律”，严重违纪违法。违纪行为包括：违反廉洁自律规定，收受礼金；利用职务上的便利，在干部选拔任用、企业经营等方面为他人谋取利益，收受巨额贿赂。隋凤富在农垦系统深耕多年，曾担任黑龙江省农垦总局九三分局局长，黑龙江省农垦总局副局长，黑龙江省农垦总局局长等职。隋凤富被“双开”后，由最高人民检察院以涉嫌受贿罪立案侦查。2016 年 5 月，最高人民检察院网站消息称，隋凤富涉嫌受贿一案，由最高人民检察院指定辽宁省人民检察院侦查终结后，移送辽宁省沈阳市人民检察院审查起诉。

现在的确存在有少数党员领导干部甚至党的高级领导干部搞“山头主义”，不任人唯贤、只任人唯亲，有的排斥异己、搞团团伙伙，有的阳奉阴违、当面一套、背后一套，违反党的政治规矩带头传播小道消息妄议中央等，这对党的思想统一、对党的团结和党的形象破坏性是非常大的，也是酿成腐败的根源所在。

因此，当前特别要强化敬畏党的政治规矩，坚决在政治上保持与党中央一致，不搞“上有政策，下有对策”，维护党的团结，要敬畏组织原则、组织程序和组织决定，切实管好自己亲属，不做庸官贪官裸官，不搞特权，不以权谋私。也就是说，敬畏党的政治规矩就是要树立政治意识、团结意识、程序意识、组织意识、原则意识。

第五章

严私德：严格约束自己的操守和行为

Chapter 5

2018年3月10日，习近平总书记在参加重庆代表团审议时指出：严私德，就是要严格约束自己的操守和行为。所有党员、干部都要戒贪止欲、克己奉公，切实把人民赋予的权力用来造福于人民。要把家风建设摆在重要位置，廉洁修身、廉洁齐家，防止“枕边风”成为贪腐的导火索，防止子女打着自己的旗号非法牟利，防止身边人把自己“拉下水”。

一、把家风建设摆在重要位置

孟子云："天下之本在国，国之本在家。"家风是党员干部私德的一部分，是党员干部廉洁从政的重要土壤。对党员干部来说，家风不仅仅是个人小事、家庭私事，它既关系着一家之荣辱，更关系到党风、政风，是党员干部的政德尤其是私德的重要基础和内在表现，是私德的"第一颗扣子"。如果第一颗扣不正，那整件衣服就很难扣正了，所以必须扣正扣牢扣好。

1. 良好的家风是中华民族的传统美德

中华民族从古至今不乏许多优秀的治家传统，如周公旦的《诫伯禽书》、诸葛亮的《诫子书》、颜之推的《颜氏家训》、包拯的《包拯家训》等，这些良好的家风造就了一批批青史留名的著名人物和家族。

在历史上赫赫有名的裴氏家族，就是因为良好的家风而英才辈出。裴氏家族生活在山西省闻喜县礼元镇的裴柏村，曾先后出过59位宰相、59位大将军，名垂史册者多达600余人，被誉为"千年荣显、华夏望族”，堪称家风传承之奇迹。裴氏家族制定了《家训》12 条，引导子孙“必须怎么做”；制定《家戒》10 条，要求子孙“不能怎么做”，其核心就是“重教守训，崇文尚武，德业并举，廉洁自律”，要求家族子弟崇德尚德，以孝友立身，以勤俭持家，以忠义为本，以才学自立，以仁爱待人，做到廉洁奉公、忠心效国。北宋政治家欧阳修赞叹：“宰相世系以裴为首，岂不盛哉！”

但传统文化中也有一些糟粕，如“一人得道，鸡犬升天”“夫荣妻贵”“封妻荫子”等等，对于这些封建思想的余毒，我们要坚决摒弃，党员干部更是要远离再远离，否则就会犯错误。

2. 家风坏，腐败现

“家风好，就能家道兴盛、和顺美满；家风差，难免殃及子孙、贻害社会。”家风，影响着家庭里每一个人的品质和行为。特别是对居于领导岗位、手中握有权力的党员干部来说，败坏的家风，往往成为牵引其自身及亲属走向牢狱的绳索。

习近平总书记讲，“家风败坏往往是领导干部走向严重违纪违法的重要原因。”十八大以来，很多官员落马就是家风出了问题，因为“枕边风”，因为自己的子女而被拉下了水。在十八届中央纪委六次全会上，习近平总书记就毫不留情地指出，不少领导干部“纵容家属在幕后收钱敛财，子女等也利用父母影响经商谋利、大发不义之财”。

纵观已查处的腐败案件，不少腐败分子的违法违纪行为，都是祸起萧墙，都存在“家族腐败”因素。有的“父子兵”贪腐齐上阵，有的“夫妻店”弄权又弄钱，有的甚至是“全家腐”敛财总动员，这些腐败分子把公权力变成“私人订制”，变成个人和家族牟利的工具，最终一起走上了不归路。根据中央纪委监察部网站公布的数据，从2015年2月13日至12月31日，中央纪委发布的34份省部级及以上领导干部纪律处分通报中，其中有21人违纪涉及亲属、家属，比例高达62%，他们的违法违纪都与家风不严有关。

家风坏，腐败现。重庆公安局前常务副局长文强任职期间，其妻周晓亚成了腐败的中间人，在他人职务晋升和调动工作方面牵线搭桥，夫妻两人受贿总额超过2000万元。国家发改委原副主任、国家能源局原局长刘铁男随着职务的提升，儿子也越贪越多，其子刘德成在25岁的时候，就已经成为千万元户。而中央纪委对河北省委原书记周本顺的通报则指出，周本顺为其子经营活动谋取利益，家风败坏、对配偶子女放任纵容。

特别是全国政协原副主席、江西省委原书记苏荣一人当官全家捞钱，在调查中，包括其妻子、儿子、女婿等在内的十余个亲属涉案，他自己在忏悔录中也写到，家就是权钱交易所，他本人就是权钱交易所所长，不仅全家齐腐败，也带坏了干部队伍、败坏了社会风气、损坏了政治生态。

苏荣作为一省的主要领导，本应严格约束自己，为人民谋利益，可是他却把自己主政的地方变成了为家人谋取私利的个人领地。他的妻子于丽芳喜欢瓷器，便有很多人买来各种名贵瓷器上门送礼，她不但来者不拒甚至主动索要。苏荣说，我用四句话来反思我的犯罪过程：收受别人的陶瓷瓷瓶，被碰得头破血流；收受别人的陶瓷瓷碗，被砸得遍体鳞伤；收受别人的书画字画，把政治生命化为灰烬；收受别人的钱财和贵重物品，使自己跌入了经济犯罪的万丈深渊。苏荣的儿子苏铁志说："他（苏荣）感觉是最后一届了吧，以前他不会把他的下属介绍给我们，他到青海的时候，青海干部我一个都不认识，到甘肃的时候也是一样，不认识，没有机会认识，他（苏荣）也不给你机会。到了江西，他（苏荣）是主动介绍给我认识，介绍圈子里的一些朋友。"当年，苏家人都跟着苏荣"沾了光"，如今都要吞下各自的恶果。苏荣说，我坑了老婆，害了儿子，把全家带上了经济犯罪的深渊。他们如果不是书记的老婆，书记的儿子，没有我这个省委书记，什么都干不成。当提到央视的特别节目《家风是什么？》的时候，苏荣说："我的家风是什么？我都不敢看这个节目，我家于姐成了江西权钱交易的代名词。家教上我是一个不称职的父亲、不称职的丈夫。"

3. 心有所畏，言有所戒，行有所止

习近平总书记说，"家庭是社会的基本细胞，是人生的第一所学校。不论时代发生多大变化，不论生活格局发生多大变化，我们都要重视家庭建设，注重家庭、注重家教、注重家风。"这些典型的反面教材，无不在昭示着家风建设的重要性。

世界上没有谁不希望自己的爱人顺顺利利，没有哪个孩子不希望自己的父母平平安安，但一些领导干部为何屡屡"后院起火"，直至害了领导干部本人？关键还是在家风出了问题。在树立家风、整治家风方面，毫无疑问，党员干部的家人出了事，党员干部本人有着不可

推卸的责任。但作为党员干部的家人，也要坚决守好自己的底线。要把“枕边风”中的“吹歪风”变为“吹良风”，将自律的“枕边风”经常吹，把廉政的“木鱼”经常敲，每一个党员干部的家属都要当好家庭的“纪委书记”。

俗话说，家盯家，户瞧户，群众看干部，党员干部的家风有强烈的示范效应，党员干部带头树立好家风，就能带动更多的家庭培养传承好家风，形成社会好风气。而我们老一辈的革命家在这方面就给我们树立了好榜样，留下了许许多多的红色家风。

我们敬爱的总理周恩来十分重视家风建设。他虽然没有亲生孩子，但周家是一个大家族，他在周家内部树立起一种良好的家风。在江苏淮安周恩来纪念馆，醒目地写着“周恩来的十条家规”，家规中要求晚辈不能丢下工作专程进京看望他，只能在出差路过时才可以去看看；外地亲属进京看望他，一律住国务院招待所，住宿费由他支付；一律到国务院机关食堂排队就餐，有工作的自付伙食费，没工作的由他代付；看戏以家属身份购票入场，不得享用招待券；不许请客送礼；不许动用公车；凡个人生活中自己能做的事，不要别人代劳，自我服务；生活要艰苦朴素；在任何场合都不能说出与他的关系，不要炫耀自己；不谋私利，不搞特殊化。这十条家规并不是周恩来写出来的，是周家晚辈根据周恩来平时对他们的教育总结出来的。

细细品读周恩来的十条家规，核心内容主要有两点：一是决不允许家人享受任何特权；二是无论做什么事，都不要先考虑自己，而要以国家和人民的利益为重。邓颖超曾经感慨地说：“当总理的夫人其实很难的。”周恩来和邓颖超相濡以沫一辈子，从来没有违反过组织原则。他们结婚后曾经协商，两人可以在一个地方或一个机关工作，但不要在一个具体部门共事。几十年里，他们一直都遵守着这个约定。中华人民共和国成立后，以邓颖超的资历完全可以做一个部长，但周恩来坚决不同意，甚至还在职务和级别上尽量“压着”她，这看似不近人情的做法，恰恰体现了周恩来严格的家风。邓颖超毫无怨言地说：“恩来这样做，我很理解。”周恩来建立的严格家风和具体家规，不仅在当时对各级干部起到重要的示范作用，在今天仍有着重要的启示意义。

让习近平总书记“思君夜夜”的焦裕禄，也有着良好的家风。焦裕禄作为县委书记的好榜样，在习近平总书记心中一直有着极重的分量。习近平总书记曾说过，“我们50年代出生的这代人都深受焦裕禄精神的影响，是在焦裕禄事迹教育下成长的。我后来无论是上山下乡、上大学和参军入伍，特别是后来当县委书记、市委书记，一直有焦裕禄的影子伴随。见贤思齐，总是把他作为一个榜样，对照自己。”

在物质生活上，焦裕禄很穷。他的衣服都是缝了又缝，补了又补；他用过的一条被子上有42个补丁，褥子上有36个补丁。焦裕禄在世时，儿女们从未因他的身份而获得过富足的生活，享受过特殊的待遇。因为他要求“书记的女儿不能高人一等，只能带头艰苦，不能有任何特殊”，所以他让初中毕业的大女儿焦守凤放弃了话务员、教师、县委干事等一个个“体面”的职业，到食品厂工作，还叮嘱厂里不能因为自己的缘故给女儿安排轻便活。他的长子焦国庆因为看了一场“白戏”，他非常生气，当即召开了家庭会议，把一家人狠狠“训”了一顿，并要求焦国庆立即把戏票钱如数送给戏院，随后又组织县委起草了《干部十不准》，规定任何干部在任何时候都不能搞特殊化。

在精神生活上，焦裕禄很富。他没有给子女留下物质财富，但却留下了宝贵的焦裕禄精神，焦门家风被他的子女们完整地继承下来。焦家大女儿焦守凤，面对单位两次分房子，她都坚决拒绝，让给了更需要的人；焦家次子焦跃进从生产队长做到县长，始终关心群众疾苦，再忙也坚持一年走访 100 家以上贫困户；小儿子焦保钢在住院期间，一直住的是六七个人一间的大病房，整整昏迷八个月，家人从未要求过特殊照顾。有关领导得知后感慨地说："没办法，焦家的人就是这样。"

焦门好家风，就体现在焦裕禄的这一"穷"一"富"上。

2014 年 3 月，习近平重访兰考时会见了焦裕禄的 5 个子女。焦裕禄二女儿焦守云对习近平总书记说，"我们一定继承好父亲的精神，把家教家风一代代地保持传承下去"。

习近平总书记如此重视家风问题，是因为家庭是"国家发展、民族进步、社会和谐的重要基点"，"千家万户都好，国家才能好，民族才能好"。而作为人民领袖的习近平，本身就是在良好家风的熏陶下长大的。

习近平的父亲习仲勋是党和军队卓越的领导人，在一般人看来，作为高级干部子弟，习近平从小的生活条件应该是不错的，但事实却恰恰相反。小时候，习近平经常和弟弟一起穿姐姐们剩下的衣服，甚至是花布鞋，当习近平为此受到同学嘲笑而不愿穿时，习仲勋只是把花鞋子染黑让他继续穿，事情虽小，体现的却是习家勤俭节约的良好家风。

《习仲勋传》有这样的记述：一次，习近平的母亲齐心对孩子们说："家中的小事不能影响工作。"习仲勋听到后却严厉地说："大事也不能影响工作！"在习仲勋眼里，家里的大事、小事都要为国事让路。正因父亲的言传身教，习近平一直都将工作看得重如泰山。在习仲勋88岁大寿时，习家欢聚一堂为他祝寿，唯独缺了时任福建省省长的习近平。因为他公务繁忙，实在脱不开身，于是他给父亲写了一封信。信中，习近平提到他要从父亲这里继承和吸取的高尚品质：一是学父亲做人，二是学父亲做事，三是学父亲对信仰的执着追求，四是学父亲的赤子情怀，五是学父亲的俭朴生活。习近平在信中说："这是一个堪称楷模的老布尔什维克和共产党人的家风。这样的好家风应世代相传。"

习氏家风在习近平身上得到了充分的体现。他担任领导干部后，每到一处工作，都会告诫亲朋好友："不能在我工作的地方从事任何商业活动，不能打我的旗号办任何事，否则别怪我六亲不认。"无论是在福建、浙江还是在上海工作，他都公开郑重表态，不允许任何人打他的旗号谋私利，并欢迎大家监督。

没有规矩，不成方圆。以习近平同志为核心的党中央为家风建设定下了"明规矩"：

《中国共产党廉洁自律准则》第八条明确要求：党员领导干部要"廉洁齐家，自觉带头树立良好家风"。

《中国共产党党内监督条例》第十四条规定：中央政治局委员要"带头树立良好家风，加强对亲属和身边工作人员的教育和约束，严格要求配偶、子女及其配偶不得违规经商办企业，不得违规任职、兼职取酬"。

《关于新形势下党内政治生活的若干准则》中要求："领导干部

特别是高级干部必须注重家庭、家教、家风，教育管理好亲属和身边工作人员。”“禁止利用职权或影响力为家属亲友谋求特殊照顾，禁止领导干部家属亲友插手领导干部职权范围内的工作、插手人事安排。”

在家风建设上，每一位领导干部都要以身作则，廉洁修身、廉洁齐家，首先自己做到心有所畏、言有所戒、行有所止，才能做到敢抓敢管、善抓善管、常抓常管，为家属子女树立好的榜样。在家风的问题上，从出现偏差到违纪违法，是一个量变到质变的过程，关键要慎独慎初慎微慎欲。当领导干部发现家人出现不好的迹象时，一定要及时提醒，让他们“红红脸”，防患于未然，否则到最后事情变大了，想救都救不了，想停都停不下来。

二、防止身边人把自己拉下水

在中央党校第一期县委书记研修班上，习近平总书记告诫与会的200余名学员：自己不贪不占，还要管好身边人，“身边人害我们这些为官者的不在少数，被老婆‘拉下水’、被孩子‘拉下水’、被身边秘书和其他身边人如七大姑八大姨‘拉下水’”。

导致官员腐败的因素很多，身边人的影响无疑是一个重要因素。每个人都生活在社会之中，或多或少的都会受到他人的影响，特别是受身边人和环境的影响更大，党员干部也不例外。“橘生淮南则为橘，生于淮北则为枳”，“近朱者赤，近墨者黑”，如果领导干部身边人只知道“向钱看”“向权看”，很有可能影响到领导干部的人生观和价值观，使其为官之道渐渐变得扭曲，从而一步步滑向违法乱纪的深渊。

俗话说：“相府门人三品官”，除了配偶、子女等亲属外，领导干部的秘书、司机等身边人，由于工作的原因，与领导干部的日常接触多，也成为不法分子竞相拉拢腐蚀的对象。一些不法分子通过领导干部的身边人，施以小恩小惠，他们进不了“大门”进“小门”，不走“正门”走“旁门”，不走“前门”走“后门”，千方百计找机会打开“腐蚀之门”。廉洁的身边人是领导干部抵御腐败的有力屏障，贪婪的身边人则是领导干部滋生腐败的催化剂。一些领导干部身边的个别人，经不起拉拢，抵不住诱惑，拉大旗作虎皮，拿着鸡毛当令箭，四处插手，胡作非为，最终将一些领导干部也拉下了水。所以，对于身边人，领导干部不能碍于情面，对他们的错误睁只眼闭只眼，视而不见，甚至曲意袒护，而要严格要求，管好管住，防止自己被拉下水。

近水楼台先得月，领导干部的身边人，平时和领导干部走得近、遇事儿能说得上话，他们向领导干部提出的要求往往都能有求必应，因而有沾光的便利条件，而这种沾光在本质上就是特权行为。特权是最大的不公。习近平总书记在省部级主要领导干部学习贯彻十八届六中全会精神专题研讨班上强调，要注重自觉同特权思想和特权现象作斗争，从自己做起，从身边人管起，从最近身的地方构筑起预防和抵制特权的防护网。

预防和抵制特权，领导干部要以身作则，以上率下，除了管住自己，对容易出现特权思想和特权行为的身边人也绝对不能忽视。在教育管理身边人方面，领导干部要坚持严格要求、大公无私，迁就照顾的忙不帮，违反政策的事不做，无原则的好人不当，坚决杜绝身边人特殊化、特权化。身边人整天在身边，其毛病、缺点是不难发现的，只要领导干部经常敲打、时常提醒、严格要求，平时工作中耳提面命、约法三章，始终做到大公无私、公私分明，发现他们的问题时大喝一声、猛击一掌，就能使身边人时时警醒，处处谨慎，真正成为领导干部身边的放心人。

在对身边人的严格管理上，老一辈革命家为我们做出了表率。2015 年 7 月 4 日，《湖南日报》上登了一则《任弼时："别再干损害群众利益的事了"》的文章，讲的是任弼时严格要求身边工作人员的事。

任弼时曾经两次遭到国民党逮捕，受到严刑拷打特别是电刑的摧残，加之多年积劳成疾，他的身体情况日趋恶化，高血压、严重心律不齐、眼底出血等毛病一直缠着他。1949 年 3 月，北京西郊机场的阅兵式结束后，任弼时就病倒了，血压（低压）高达 150 毫米汞柱，心脏每分钟跳动 110 次以上。党中央连夜开会决定，任弼时必须立即全休静养，直到康复。任弼时放下手中的工作，来到西郊寂静而清幽的玉泉山。有一天傍晚，在医师和警卫的陪同下，任弼时拄着拐杖去散步，在湖边上遇见一个驼背的老人，正在看着地里的庄稼。任弼时走上前去，热情地同老人聊起家常。他问老人的年岁，问老人地里的收成好不好，问老人家里几口人，够不够吃等等。临走开的时候，他又问老人吃过晚饭没有。老人答道："没有啦，这两天得看着庄稼。"任弼时觉得很奇怪，连忙问他为什么。"你看，那几只鸭子……"老人抬手指向湖中的鸭子说。顺着老人手指的方向望过去，任弼时看到远远地在湖里浮着几只鸭子，他立刻明白了，原来老人是怕鸭子吃庄稼，在这里看着。他转过头去问警卫员："这些鸭子是哪里来的？"警卫员只好实话实说。原来，炊事员见任弼时身体不好，血压高，而水鸭是凉性食品，可以降血压，便特地买了几只水鸭，放养在池塘里，等养肥了再做给任弼时吃。谁知鸭子不老实，偷吃了老人的稻子，惹出了麻烦。任弼时听后立刻向老人道歉，并安慰了几句，马上嘱咐警卫员把鸭子转送给别人，而且叮嘱说："现在就办。"

散步回去的路上，任弼时没有像往常一样跟身边的工作人员说笑，反而严肃地说："你们没学过三大纪律八项注意吗？其中有一条就是不损坏群众的庄稼，你们违反了这一条。"

回家以后，整整一晚，任弼时的心情都很不愉快。第二天早晨，他又到湖边去散步，为的是亲自查看是否把鸭子送走了。当看到那几只鸭子已送走，心情好转些的任弼时对身边工作人员说："今后可别再干这种损害群众利益的事了。"

"今后可别再干这种损害群众利益的事了。"这是任弼时对自身的严格要求，更是对身边工作人员的方向性引导。领导干部管好身边人，不搞特权，不越"红线"，不仅是对亲属和身边工作人员的爱护，也是对自己的保护。因为对普通人来讲，身边人的影响是有限的，但对于手中握有权力的领导干部来讲，身边人的不良行为可能会给他带来灾难性的影响，甚至把他拖入违法乱纪的深渊。

在领导干部的身边人中，有个重要的职位即秘书。秘书本身并无多大职权，但在许多人的眼里，秘书尤其是高官的秘书，却是个被人仰望而且神通广大的群体。人们对领导秘书的"尊重"，主要是因为他们在领导身边工作，与领导有一种特殊的关系，是人们眼中所谓的

“二号首长”，多数人对他们抱有一种得罪不起的态度。官场上言传“欲见领导，先求秘书”“欲打通领导关节，先打通秘书关节”，足以印证秘书的地位、作用在现实社会中非同小可。特别是个别领导秘书说的话、办的事往往让人琢磨不透，搞不清楚究竟是领导的意思还是秘书个人的意思，这种情况就成为个别人眼中可利用的漏洞，可发挥的空间。

秘书本身作为党员干部，在选任时本应同其他普通干部一样，按照组织程序由组织进行考核任用，但在实际中，往往是由领导特别是高级领导个人说了算。这也导致出现一种反常现象，说什么“某某是我提拔的”“我是某某提拔的”，把人民赋予领导干部的权力当成是个人的特权，从而滋生了跑官、卖官、买官等不良现象，为腐败的蔓延提供了环境。一旦出现权力错位，秘书与为之服务的领导形成了权力链条、腐败链条，必然是一荣俱荣、一损俱损。

这样的例子比比皆是，比较典型的就是曾经的“河北第一秘”李真案。

李真很早就认识到秘书的特殊性，也一直想要利用这种特殊性为自己谋取利益，所以他不择手段地要当领导秘书。李真在任河北省国税局长前就已贪污了几百万，而那时他只是省政府办公厅、省委办公厅的秘书而已，最高也只是办公厅的一名副主任，他之所以能为所欲为，利用的就是领导秘书这一特殊身份。李真在忏悔录中写道，他任秘书时曾有位市领导前来汇报工作，顺便送给他两条中华烟等小礼品，他想收但怕领导得知后批评，有些为难，而司机却满不在意地收下了，见此情景他也就顺手收下了。李真在初次收礼时也曾有过忐忑不安，但同为领导身边人的司机的行为无疑给了他一个错误的信号和暗示，从此，李真就一发不可收拾。从张家口到石家庄，随着他跟随的领导职务越来越高，李真的地位也急速高升，所谓的能量也越来越大，而他的私欲也越来越膨胀，到了肆无忌惮、无法无天的地步。对于李真的这种疯狂举动，李真的领导并没有及时制止，反而为他提供袒护，后来在对该领导的处分理由中有一条就是中央纪委认为他对自己的秘书利用其影响力进行犯罪活动负有重要责任，秘书的疯狂也终于将领导干部拉下水。

除秘书外，领导干部身边还有一个特殊群体，就是司机。在人们的印象里，领导的司机早已经是特定化的一个群体。在现实生活中，因为为领导服务的过程往往公私不分，坊间将他们中的一些人比作领导的“服务员、导游员、代收员、情报员与保密员”，领导要依赖他们做很多事情，包括领导的家事。个别领导的一些关系有时也需要司机帮助打点，司机则“责无旁贷”帮助领导实现了权力的延伸。

据媒体报道，河南省烟草局司机王某某，利用长期接近领导所形成的密切关系，促成领导拍板做出购买大楼的决定，并在交易成功后从中获取500万元的巨额贿款。2014年6月，王某某因利用影响力受贿罪被一审判处有期徒刑7年。来自河南省高院的消息称，该司机的领导，河南省烟草专卖局原局长郑建民，此前也因受贿罪被判处无期徒刑。有媒体报道称，一些专车司机凭借其为领导服务的特殊身份，逐渐分享部分权力资源，领导司机变成了“司机领导”，开始参与甚至主导某些腐败犯罪。

类似的情况还有很多。

2014年6月，河南新安一名公车司机在不到一年间贪污公款47万元，被判有期徒刑10年6个月。2012年12月，浙江温州原副市长杨秀珠原司机杨胜华因贪污罪，挪用资金罪，被判有期徒刑16年。2011年10月，浙江北漳原党委书记黄榧君多次单独或伙同司机裘仁军收受贿赂的财物共计27.1万元，其中司机裘仁军得11.25万元，黄榧君、裘仁军分别被判有期徒刑7年和6年。2009年9月，浙江丽水市市政府小车班司机昌伟强，利用“领导司机”名义非法集资超过2.6亿元，被判死缓。2009年4月，湖南浏阳市公路管理局原局长兼党总支书记刘魁榜多次收受贿赂，并伙同司机丁文峰侵占、骗取公共财物，刘魁榜以贪污罪、受贿罪被判有期徒刑12年，丁文峰以贪污罪被判有期徒3年。2008年2月，郴州市国土资源局原副局长杨秀善单独或伙同司机受贿191万多元，被判有期徒刑13年，其中司机吴军收受36.8万元，并为杨秀善窝藏赃款10万元。

这一系列案件带给我们的是深刻的教训。这些领导干部身边人的所作所为严重败坏了党风党纪，损害了群众利益，影响了党和政府的形象，不仅使自己身陷囹圄，也将领导干部拉下了水。

作为领导干部，要加强对身边工作人员的教育引导，做到明察秋毫，要善于从他们的只言片语中观察他们的思想动态，看看他们是否由谨小慎微变得狂言傲气；要善于从他们与周围人的交往中看到其“八小时以外”的生活状态，看看他们是否有不良倾向，潜在变化。一旦发现违规苗头，领导干部要及时提醒，加以正确的引导和纠正，不能等事情闹大再去收拾，往往就已经晚了。

领导干部应经常对身边的工作人员进行世界观、人生观和价值观教育，使他们坚定理想信念，构筑起坚强的思想道德防线。同时还要进行组织纪律和工作纪律教育，要求他们坚持按组织原则办事，讲规矩、守纪律，克服优越感和特权思想，严格按程序和权限办事，认真履行职责，不违规、不越权，使他们明白哪些事可以做，哪些事不可以做，做到不义之财不取，不正之风不染，不法之事不做，力戒贪心。

“公权为民，一丝一毫都不能私用。”我们的党员干部，手中的权力来自于人民，也就只能为民所用、为公所用，而决不允许把权力看作是个人的私有财产，既不能自己随心所欲，也不能允许身边人胡作非为。领导干部与身边工作人员应该保持一种正常的工作关系、同志式的关系、上下级的关系。要公私分明，不能把工作关系变成人身依附，把工作人员变成领导的“家臣”，如果到了亦步亦趋、如同一体的程度，生活上不分你我，享受上不分彼此，那必然会造成腐败的滋生。

预防身边人的腐败，防止被身边人拉下水，关键还是在领导干部本人，领导干部清正廉洁、一身正气，才能影响教育身边人。所以，领导干部要常修为政之德、常怀律己之心、常思贪欲之害、常弃非分之想，通过言传身教，树立铁面无私的好形象，使“身边人”不敢借势利诱、狐假虎威，切实从自身筑牢抵御歪风邪气的屏障，不给任何人有所图谋的机会。而领导干部的身边人应处处慎欲、慎微，要经得住诱惑、耐得住寂寞、守得住清贫，坚决守住法纪的底线，与领导干部共同筑起拒腐防变的稳固防线。

三、净化自己的生活圈、交往圈、娱乐圈

习近平总书记强调，要管好自己的生活圈、交往圈、娱乐圈，在私底下、无人时、细微处更要如履薄冰、如临深渊，始终不放纵、不越轨、不逾矩，增强拒腐防变的免疫力。

一名党员干部的蜕化变质往往就是从生活作风不检点、生活情趣不健康开始的，都是从吃喝玩乐这些看似小事儿的地方起步的。党员干部不是生活在“真空”里，党员干部也和普通人一样，工作之余的活动范围基本都处在生活圈、交往圈、娱乐圈这“三圈”之中。但党员干部又和普通人不一样，其社会角色和社会影响力又决定了党员干部在自身的言行举止上要比一般群众有更高的要求。

1. 净化生活圈

党员干部净化生活圈，要始终树立正确的世界观、人生观和价值观，注重修养，培养高雅的生活情趣、健康的生活方式和高尚的道德情操。要不断增强自律意识和自制能力，克服拜金主义、享乐主义等错误思想的影响，自觉摒弃相互攀比、相互炫耀，奢侈消费的不良习气，把好人情关、美色关，做到在复杂形势面前不动摇，在腐朽文化侵蚀面前不蜕变，在多种诱惑面前不失德，始终保持勤俭节约、艰苦奋斗的作风，老老实实做人，踏踏实实做事，清清白白做官。

中国是一个注重人情的国家，俗语说“千道关，万道关，最难破

是人情关”。本来，在生活中，人们之间有一些人情往来，是正常的事情，但是，一些党员干部却没有过好人情关，使“人情”变了味。有的党员干部因为碍于父母、兄弟、子女的血缘之情，碍于长辈、师长的培育之情，碍于同乡、同事、战友和部属的亲近之情，不该说的话说了，不该办的事办了，不该打的招呼打了，滋生了他们的特权思想，助长了不正之风。

有的党员干部经不起妻子的“枕边风”，受不住儿女的恳求，为了满足妻子儿女的虚荣心和物质欲望，被金钱迷住了双眼，丢掉了宗旨观念，丧失了党性原则，最后，被自己最亲近的人亲手送进了牢狱，落入了贪腐的深渊，最终家破人亡、身败名裂。还有的党员干部磨不开人情，在亲友的要求下，放弃了原则立场，做出了许多违规违纪甚至违法的事情。国家审计机关在审计中就发现，在低保申请、危旧房改造等环节中，存在着“优亲厚友”的情况。比如，有些党员干部通过关系给自己的亲戚办低保，而这些亲戚本身并不符合低保条件；还有危旧房改造，有些党员干部的亲属虽然不符合条件和标准，但党员干部依然把指标给了亲戚，让他们享受国家的相关补贴。

一些党员干部之所以经不住人情关的考验，在人情面前不讲原则，以权谋私，一个很重要的原因就是私心杂念在作怪。在有的党员干部看来，人是要讲感情的，凡事要以情为重；也有一些党员干部认为，有权不用过期作废，不给亲朋好友办些事情，等到自己没有权力了，想办也办不成了。正是在这种思想的影响下，一些党员干部在处理问题的时候，不讲原则讲人情，人情关系所起的作用越来越大。作为党员干部，一定要树立法纪意识，强化自我约束，正确处理公与私、情与法的关系，要成为遵纪守法的模范，避免人情庸俗化、金钱化，决不能有任何特权思想，把人情凌驾于原则之上。

在生活中，还有的党员干部情趣低下，经受不住美色的诱惑，习惯于追求感官刺激，生活不检点，包养情妇，甚至不以为耻反以为荣。据统计，被查处的贪官中约九成都有情妇，这不仅仅是家庭道德缺失，生活作风的问题，背后往往都伴随着权色交易和腐败，已成为影响国家社会健康发展的毒瘤。“色助官贪，色逼官贪”，贪官们一旦为情欲所控制，他们就只能在贪污腐败的泥坑里越陷越深、无法自拔。

2012 年 11 月，重庆市北碚区原区委书记雷政富的不雅视频在网上被曝光后，立刻引起了舆论的轩然大波。经查，2008 年 1 月，商人肖烨等人为牟取非法利益，安排赵红霞给雷政富发短信，利用自己的姿色引诱雷政富，雷禁不住诱惑，与她发生了性行为，而这一切都被肖某用针孔摄像机偷拍。后肖烨以不雅视频相要挟，向雷政富索要人民币 300 万元，雷政富为避免视频曝光，找到曾受过他帮助的重庆某公司法定代表人明某，以借款的名义由明某支付了该款项。最终，在审判中该款项被认定为贿款。而雷政富也为自己的行为付出了代价，2013 年 6 月，雷政富以受贿 316 万余元被判有期徒刑 13 年。

美色在为权力打开欲望之门的同时，也为贪官开启了地狱之门。党员干部一定要从雷政富事件中吸取教训，远离金钱和美色的诱惑，以高品位净化“生活圈”，弘扬社会主义新风尚，树立高尚情操，自觉抵制低俗化、庸俗化的生活方式。

2. 净化交际圈

人与人之间交往本来无可厚非，人生在世，朋友必不可少，党员干部也有正常交往的需求。但不法之徒往往会利用“朋友”“哥们儿”等身份做掩护，以所谓的“友谊”“义气”对党员干部进行感情投资，通过给好处，送享受，甚至做“提款机”，逐渐麻痹党员干部的神经，让党员干部自以为交到了真朋友、遇到了真兄弟，逐渐淡化底线意识，从而一步一步被“围猎”成功，利用手中的权力替他们攫取利益，最终滑入腐败的深渊。

领导干部交友不同于普通人交友，由于身份的特殊性，许多人接近领导干部都抱有各种各样的目的。俗话说“穷居闹市无人问，富居深山有远亲”。不法分子接近领导干部，不是与领导干部交朋友，而是与权力交朋友，不是与领导干部讲义气，而是与利益讲义气。领导干部在交友过程中一定要时刻保持头脑清醒，慎重交友，认真择友，多交一些心底无私、肝胆相照的诤友，远离那些投机取巧、四处钻营的损友。

从已查办的腐败案件看，不少贪官身边都会有一些所谓的商人朋友，但一旦官员东窗事发，这些“好朋友”“铁哥们儿”，没有一个会舍生忘死地保护干部，都是大难临头各自飞。所谓的友谊、义气在本质上不过是利益的结合，当官员已不再有利用价值，就会被他们无情地抛弃，这些“朋友”、“哥们儿”的丑恶嘴脸瞬间就会暴露无遗。

贵州省安顺市原市长王术君，作为一名70后正厅级干部，前途本来一片光明，然而却因昔日的“朋友”陆炫杰的举报而落马。陆炫杰是一名房地产商人，经《中国贸易报》记者姜冰介绍，认识了时任贵州省信用社联合社主任的王术君后，为和王术君拉拢关系，送给王术君价值 29.6 万元的黄金和价值 29.493 万元的茅台酒。作为回报，陆炫杰的公司则多次得到王术君违规安排的贷款，得以不断壮大。以利益交换为纽带，双方在“合作”之初，都得到了自己想要的东西，所谓的友谊也比较稳固，后来王术君又数次向陆炫杰索取贿赂数百万元，陆炫杰为实现自己的利益也全部照做，并为王术君支付全家旅游的费用。后来王术君调任安顺市长，表示不再为陆炫杰提供帮助，恼羞成怒的陆炫杰则举报王术君，上演了一出官商反目的大戏。一个是初中辍学的商人，一个是高学历的领导干部，两个出身背景、性格秉性差异极大的人却成了所谓的朋友，有了深入的交集，归根结底还是因为利益，而这样的朋友也注定是不可靠的，当相互之间的利益发生冲突时，必然会走向反目。

黄山市原政法委书记汪建设，习惯于讲义气，交朋友，在当地有着广为人知的“三多”：哥们儿多、饭局多、名牌多。小到“摆平”赌博被查、酒后驾车、办理“最牛车牌”，大到帮房地产商审批项目、征地拆迁、周转资金，汪建设都乐意为“哥们儿”帮忙。据媒体报道，汪建设周围有 30 多名房地产商哥们儿，通过替这些哥们儿谋取利益，他先后收受贿赂 500 余万元。事发后，汪建设被蚌埠市中级人民法院一审依法判处有期徒刑 15 年，一个政法委书记就在讲“哥们儿义气”中锒铛入狱。他的这种“哥们儿义气”是建立在非法利益关系上的，本质上就是官商的互相勾结，损害的是党和人民的利益。

党员干部在交友时一定要保持清醒的头脑，要时刻警惕盯着自己

"位子"的别有用心的人，在信念、品德、纪律和作风方面始终严格要求自己，做到自重、自省、自警、自励。要特别注意与商人的交往，做到不嫌贫爱富，不贪图享受，避免形成畸形的政商关系，杜绝利益交换，压缩权力寻租空间。党员干部要始终牢记"君子之交淡如水，小人之交甘若醴"，要多同群众、先进模范、专家学者交朋友，要见贤思齐，建立一个真诚的充满正能量的交往圈。

3. 净化娱乐圈

除了生活圈、交往圈，党员干部的娱乐圈也需要净化。随着生活水平的逐渐提高，五花八门的娱乐方式在丰富了人们生活的同时，也出现了一些庸俗的、不健康的东西，不断腐蚀着人们的肉体和灵魂。党员干部在工作之余，也会有自己的个人爱好和娱乐休闲，一些不法分子则利用部分党员干部不健康或者不正当的娱乐爱好，投其所好，不断腐化党员干部。赖昌星就曾经总结他的贿赂心得，"不怕领导讲原则，就怕领导没爱好"。有的领导干部喜好声色犬马、靡靡之音，有的领导干部喜好赌博，有的领导干部甚至吸毒等等，这些低级的堕落的喜好都为别有用心之人提供了破绽，结果就是领导干部被不法分子成功"围猎"，最终走向毁灭。

长春原市委书记、吉林省人大常委会原副主任米凤君极其好色，他最大的爱好就是玩女人。当中央纪委找其谈话时，他躲起来谁也不见，中央纪委和吉林省反贪局的联合办案人员利用其好色的特点采取监控定位手机的方法，最终在长春市吉隆坡大酒店的一间包房内找到了他，而荒唐的是他当时正在和两名卖淫女一丝不挂地“混战”。后经调查，米凤君仅在长春市吉隆坡大酒店，就和这里的100多名妓女有染，其糜烂生活令人瞠目结舌。最终米凤君因利用职务便利，为有关单位和个人谋取利益，索取、非法收受他人财物折合人民币共计628万余元，被认定犯受贿罪，判处死刑，缓期二年执行，剥夺政治权利终身，没收个人全部财产。可想而知，在米凤君的犯罪过程中，必定会充斥着以色事权、以权谋色现象，堕落的爱好、低俗的情趣加速了他走向犯罪的进程。

而广西壮族自治区政协原党组成员、副主席赖德荣则是被赌博拉下了马。中央纪委通报称，赖德荣身为党的高级领导干部，理想信念丧失，纪律意识淡薄，严重违反中央八项规定精神，违规接受公款宴请；严重违反组织纪律，利用职务上的便利在干部选拔任用等方面为他人谋取利益；严重违反廉洁纪律，收受礼金；多次到境外赌博。依据《中国共产党纪律处分条例》等有关规定，经中央纪委常委会议审议并报中共中央批准，决定给予赖德荣开除党籍、行政撤职处分，降为科员。一个省部级领导干部被连降七级，断崖式地降级为科员，其赌博的不良嗜好“功不可没”。

除了赌博嫖娼，媒体报道的官员涉毒新闻也为数不少，不断挑战着公众的良知和底线。“吸毒州长”杨红卫，边开会边吸“卡苦”，肆无忌惮，无所顾忌；临湘市原市长龚卫国吸毒成瘾，吸毒产生幻觉，报警称被人追杀，特警赶到，一丝不挂，丑态百出；刘汉涉黑案中，刘汉经常组织多名官员开“毒趴”，这些官员无一例外都成了他的保护伞。

赌博、嫖娼、吸毒，这些人所共知的不良爱好容易被发现，相比之下，“雅贿”则要隐蔽得多。

高阳在他的《胡雪岩》一书中，描绘了这样一个故事。胡雪岩为了打通户部尚书宝鋆的关节，事先打听到宝鋆客厅里挂着一幅唐伯虎的《看泉听风图》，然后请琉璃厂的字画商做中介，告知宝鋆有人想以 3 万两银子购买这幅画。宝鋆心照不宣，以 3 万两的价格卖给了字画商，而后胡雪岩又以更高的价格从字画商手中购得此画，再以此画为礼送给宝鋆，顺利地打通了关节。整个过程，宝鋆并没有收胡雪岩的银子，在他看来，他只是收了一幅画，而文人雅士之间互赠书画乃是礼尚往来，风雅之事，并没有铜臭味儿。此之谓“雅贿”。

时至今日，胡雪岩早已成为历史，但“雅贿”却依然存在。官场中有着摄影爱好、古玩爱好、字画收藏爱好的大有人在，领导干部有“雅好”本非坏事，但往往“雅好”会被不法分子利用，成为“雅腐”“雅贪”，领导干部看似被称赞、追捧的作品，实际上被敬仰的只是公权力。

河南省人大常委会原党组书记、副主任秦玉海，钟情于摄影，头顶“中国摄影家协会理事”“河南省摄影家协会名誉主席”等光环，利用职务和权势，秦收受了他人价值数百万元的摄影器材。在秦玉海落马后，悬挂在北京和上海地铁内的多幅由他拍摄的河南形象广告，都迅速被撤下。部分摄影师说，秦玉海的摄影水准很一般，远逊于职业摄影师，之所以能四处展示并获得各种艺术头衔，凭借的无非是其显赫的权势罢了。

作为党员干部，一定要洁身自好，保持健康的生活情趣，不该做的事情不做，不该去的地方不去，不该交的朋友不交，始终慎独慎初慎微慎欲，不放纵、不越轨、不逾矩，管好自己的生活圈、交往圈、娱乐圈，不断增强拒腐防变免疫力，练就百毒不侵金刚体，做“一个高尚的人，一个纯粹的人，一个有道德的人，一个脱离了低级趣味的人，一个有益于人民的人”。

第六章

多积尺寸之功

Chapter 6

《韩非子·喻老》云：“千丈之堤，以蝼蚁之穴溃；百尺之室，以突隙之烟焚。”孔子曰：“受人施者，常畏人。”《晋书》中道：“贪于近者则遗远，溺于利者则伤名。”正如习近平总书记所指出的：“每个领导干部都应慎独慎微，从小事小节上加强自身修养，从一点一滴中自觉完善自己，懂得是非明于学习、境界升于自省、名节源于修养、腐败止于正气的道理，始终保持共产党员的本色。”小事小节既能成就一个人，也能击垮一个人。对于党员干部来说，人民群众的事既是大事，也是小事，讲作风既是大节，也是小节。做好人民群众的事是党性的体现，良好作风亦是原则的体现。党员干部当谨记，做好小事，小事当慎，小节当拘。拘于作风小节，恰恰是一个党员干部党性、原则、人格最真实的反映。

一、小事小节是一面镜子

《之江新语》中讲道："于细微处见精神，于细微处也见品德。小事小节是一面镜子，能够反映人品，反映作风。小事小节中有党性，有原则，有人格。"

孔子《论语·里仁篇》曰："人之过也，各于其党。观过，斯知仁矣。"人之所以犯错误，从根本上讲是他没有仁德。如果不注重仁德的修养，"年四十而见恶焉"，那么这个人"其终也已"。孔子所讲的"各于其党"之"党"具体指什么？其具体含义就是指"党性、原则、人格"。

为什么不能忽视小事小节？一方面，"党性、原则、人格"的高低决定小事小节的性质，"党性、原则、人格"格局高的人，一般不会犯原则性错误，这就是"人之过也，各于其党"。另一方面，小事小节是一面镜子，于细微处见精神见品德，一个人对小事小节的处理方式和态度往往能折射出这个人的"党性、原则、人格"。所以，通过正确的途径处理小事小节能够提高自己的修养，进而使自己少犯错误。

1. 小事小节看党性

心系群众，不一定要轰轰烈烈干大事，相反，一件小事、一个细节就能将全心全意为人民服务的执政理念诠释得淋漓尽致。四川省凉山州布拖县公安局党员干警贾巴伍各在搜捕在逃贩毒嫌疑人的过程中，遭遇躲在山洞中的嫌疑人开枪伏击，英勇牺牲。在离世前，他用微弱的声音留下最后一句“不要管我，不要管我，快追”。这虽然是一个小的细节，但是体现的却是曾经在党旗下的誓言，更是身体力行的一种表现，是“捧着一颗心来，不带走半根草去”的一种责任和使命。

任何事物都是由小变大，由量变到质变。一个人不可能一夜之间成为贪腐分子，之所以会走向腐化堕落大多都是从不注意小事小节开始的。曾有这样一个寓言，说有偷针者和盗牛贼一起被游街，偷针者感到十分委屈说：“我只偷了一根针，为什么和盗牛贼一起游街，太不公平了！”盗牛贼告诉他：“别说了，我走到这一步也是从偷针开始的。”

全党深入开展的党的群众路线教育实践活动，其目的就是要提醒广大党员干部要注重小节、办好小事，动真碰硬抓好作风建设。人民公仆的一言一行、一举一动，人民群众都看在眼里，记在心上。党员干部的一言一行，不仅关系到个人品行，更影响到职能部门和党员干部队伍在人民群众心中的形象。

链条最容易在薄弱环节上断裂。在小事上得不到群众的口碑，办起大事来就底气不足。对于党员干部来讲，把小事办好，把小事办实，真真正正办到百姓的心坎里，才能严正党风政风，融洽党群、干群关系，实现“官民鱼水情”。

小事当慎，小节当拘。一个在小事小节上过不了关的党员干部，也很难在大事大节上过得硬。党员干部要始终坚持工作原则和权力运行规范，不为财所诱，不为色所迷。保持清醒的头脑做正确的事，坚决行走在法律红线内，决不“以恶小而为之”。坚持从小事小节上加强自身修养，从生活中的一点一滴自觉改造世界观、人生观，从小处培养自己的为官之德，保持共产党人的本色，才能干大事、成大业。

2. 小事小节讲原则

做人做事一定要守原则，因为，一些原则上的问题往往会通过细微的事情显现出来。小事小节，因其小而往往容易被人忽略，但有时作用和影响却不小。一次陈毅去南雄县检查工作，恰巧碰到交通员送来上百套单衣，说是委托缝纫店胡老板做的。陈毅问给钱没，交通员认为他一个资本家，也不缺这 200 块银洋。陈毅说：“我们是靠政策得人心的，在百姓中的信誉是我们的命根子！”他亲自派人把 200 块银洋给胡老板送去。胡老板后来对人说：共产党游击队讲信誉，确实信得过。解放战争期间，陈毅带领部队攻打上海，他规定部队入城后一律不得进入民宅。对此，有些干部想不通，说遇到下雨、有病号怎么办？陈毅坚持说：“这一条一定要无条件执行，说不入民宅，就是不准入，天王老子也不行！这是我们人民解放军送给上海人民的‘见面礼’！”解放上海的战役结束后，枪声停止的第一个清晨，当上海市民打开家门时惊奇地发现，马路两边湿漉漉的地上睡满了身穿黄布军装的解放军战士，这旷古未有的景象深深震撼了上海市民。毛泽东赞扬“不入民宅”的规定“很好”。

从税 28 年的张晓琴，从“白衣天使”到“女税官”，通过自学建立起了坚实的业务技能。在为国收税的工作当中，她坚持原则，不徇私情。直到病情恶化，躺倒在病床上，她心里始终牵挂和放不下的，仍然是她为之奉献的税收事业。她用自己的生命诠释了对税收工作的责任和一名共产党员的执着与坚守。2008 年，张晓琴被任命为青海省国税局稽查局副局长。那时的她已练就了一身硬功夫，是全省国税系统少有的既懂税收法律又懂稽查业务，既掌握税收理论知识又具备丰富查账经验的复合型、专家型人才。她深知税收工作是国家重要的经济管理和行政执法工作，一头系着国家经济命脉，一头系着纳税人利益。她常常告诫自己：责任重如山，利益大如天。由于工作的特殊性，张晓琴难免会遇到一些有问题的企业找她说情，给她送礼，张晓琴一概严词拒绝。与她共事七年的现任青海省国税局稽查局副局长景芳说：“这么多年，她从来没有接受过企业请客吃饭，从不单独去企业。”有一次，张晓琴和景芳去海西蒙古族藏族自治州一家企业突击检查。在检查现场，张晓琴接到了一个电话，说企业老总想见见她。张晓琴拒绝不了就拉着景芳去了，要求房门一定要开着，否则不进办公室。老总一再请求张晓琴网开一面，被她严词拒绝，最终这家企业被查补税款 3600 万元。

张晓琴的铁面无私得罪了不少人。有一年，一家企业给她送来了恐吓信：“别敬酒不吃吃罚酒！”张晓琴依然按照法律规定处理，最后企业如数补缴了税款和罚款。慎独慎行，无欲则刚，筑牢廉洁防线。

在稽查岗位的13年里，张晓琴直接参与或领导查处各类涉税大案、要案24起，挽回国家税收损失近一亿元；参与和组织全省地区税收专项检查及重点税源检查8次，堵漏增收5亿元；带队查处国家税务总局、公安部联合督办的吉林“4·08”系列虚开发票案涉青案件，查补税款1628万元；负责的辽宁“1·06”医药行业假发票案件，为国家追回税款1200万元……

作风建设也是如此，守纪律、讲规矩不能抓大放小。如果忽略小事小节，甚至对应该引起注意的问题视而不见，就很容易埋下隐患、留下祸根。就拿干部公车私用、公款吃喝等问题来说，在一些人看来这些都是不起眼的“小事小节”，但在群众眼里就是损害党的形象的大问题。良好作风不是与生俱来，而是不懈锤炼的结果。小事小节是锤炼作风的最好平台。拿着“放大镜”看小事小节，在一言一行中高标准严要求，从每项细小工作中抓起，养成良好习惯，才能练就过硬作风。反之，戴上“老花镜”看小事小节，就会将纪律规矩抛在脑后，平时“大错不犯、小错不断”，很可能会栽大跟头。须知，今天越过了党纪红线，明天就有可能触碰法律底线，真到了“眼前无路想回头”，可就悔之晚矣！

3. 小事小节见人格

坚持从小事小节上加强修养、锤炼作风，严于修身律己，才能做到“心不动于微利之诱，目不眩于五色之惑”，才能筑牢思想道德和党纪国法两道防线。党员要慎独慎初慎微慎欲，培养和强化自我约束、自我控制的意识和能力，要管好自己的生活圈、交往圈、娱乐圈，在私底下、无人时、细微处更要如履薄冰、如临深渊，始终不放纵、不越轨、不逾矩，增强拒腐防变的免疫力。

宋朝吕元膺在做东都留守时，一次与一名掌管钱粮的下级弈棋。当吕元膺抽身去处理紧急公务时，这名钱粮官趁机偷换了一颗棋子，最后赢得了这盘棋。吕元膺当时对此虽有察觉，但并未吭声。过了一段时间，吕元膺借故把此人调离身边，并预言此人终将因贪污而获罪。后来果然被言中！人们在赞叹吕元膺慧眼识人的同时，不禁由那名钱粮官的蜕变而想起一句古话："不矜细行，必累大德。"意思是说，平时不注重小节，必将有损于道德修养，甚至丧失大节。在生活中，有些党员干部在大是大非面前往往能够把握自己，镇定自若，维护自身形象，但在小事小节上却漫不经心、疏于防范、随波逐流，放松了警惕，认为吃别人一顿饭，拿别人一瓶酒，和他人一起轻歌曼舞、打打麻将都是区区小事，无伤大雅；有些看到别人灯红酒绿，自己也妄图捞点小惠小利，认为是"小巫见大巫"。殊不知，大多数腐败分子都是从不注意小事小节逐步走到腐化堕落境地的，在推杯换盏中放松了警惕，在小恩小惠面前丢掉了原则，在轻歌曼舞中丧失了人格。正所谓，小事小节是一面镜子，能够反映人品，反映作风；小事小节中有党性，有原则，有人格。守住小节是对为官者修养最基本的要求，为官首先是要讲大节，但绝不能因此而忽视小事小节。人民群众评价为官者的品行，常常就是从看得见摸得着的小事来判断的。

对于小事小节我们既不能教条主义，又不能忽视轻蔑。何谓小事小节？触犯"党性、原则、人格"看似小事其实不是小事，就要提高觉悟，警示自己及时修正。2014年6月份江西省贵溪市部分地区发生严重水灾，参与救援的贵溪市政府办公室副主任王军华因为怕湿了鞋，让其他工作人员背其过河，一时间，引起当地百姓和舆论的强烈不满。人们通过这些细节，看到的是领导干部的作风问题。作风，是一个人在思想、工作、生活上表现出来的态度和行为，而细节正是作风的具体体现。

小事小节不能忽视，也忽视不得。多积尺寸之功，就是从小事做起、从小节抓起，砥砺党性、坚守原则、培养人格。如此，“严”才有抓手，“实”才有内容，遵纪守法才会逐渐由“如履薄冰”变为“发乎自然”。

二、“堤溃蚁穴，气泄针芒”

2013年2月28日，十八届二中全会第二次全体会议上，习近平总书记指出，作风问题，广大干部群众反映强烈，不能听之任之。古人云：“堤溃蚁穴，气泄针芒”，“巴豆虽小坏肠胃，酒杯不深淹死人”。党员干部要注意小事小节，谨防落入腐化堕落的“深渊”，“手莫伸，伸手必被捉”，必须把握自己，管好自己，耐得住寂寞，守得住清贫，强化自我约束，时刻严于律己，节欲守操，从小事小节上加强自身修养，从一点一滴中自觉完善，懂得是非明于学习、境界升于自省、名节源于修养、腐败止于正气的道理，筑牢廉洁自律防线，永葆共产党员廉洁本色。

1. 小节不慎、大节难保

2012 年 11 月 17 日，习近平总书记在履新的第三天，十八届中央政治局第一次集体学习时，引用古语“物必先腐，而后虫生”，强调了反对腐败、建设廉洁政治，保持党的肌体健康，始终是我们党一贯坚持的鲜明政治立场。不论是中华人民共和国初期的刘青山、张子善，还是早些年因收受不法商人两支笔开始的胡长清，以及近些年来落马的周永康、令计划、孙政才、杨金山、徐才厚、郭伯雄……上至位高权重的正国级领导干部下至小小村干部，蜕变成贪腐分子，直至走上审判台、不归路，都在反反复复犯着同一个致命的错误，那就是为官不守“小节”。

要知道：破一次规矩，就留下一个污点；搞一次特殊，就丢掉一分威信；谋一次私利，就失去一片民心。要明白：从功臣到罪人，仅一念之差；从公仆到贪官，只一步之遥。一个党员干部如果在小节上“失守”，就很难保住“大节”，这是被无数贪腐分子证明了的铁律。吃吃喝喝看起来平常不过，折射出的却是党风党纪不合格，反映出的是一个党员干部党性原则的缺失。从历年来贪腐分子的堕落轨迹来看，大都是从吃吃喝喝收礼这样的“小事”开始的，在推杯换盏间放松要求，在小利小惠面前丢掉原则，从而一步步滑向犯罪深渊。江西省原副省长胡长清，爱给人题字，也常写“知足常乐”，而自己发展到后来肆无忌惮地索贿受贿，最终走上不归路，就是从最初收下不法商人送的两支笔开始的，看他临刑前的忏悔中有这样一段：“我曾错误地认为，‘民以食为天’，谁不吃喝？吃一点、喝一点算不了啥，根本没有去思考吃喝之中大有文章……时间一长，接触的次数一多，也就无所拘束了，违法乱纪的事也就干起来了。明知钱不能收，但又觉得是‘朋友’相送，也就收下不感烫手。拿了人家的钱，人家请你打个电话，出面办个事情，也就成自然的了。”俗话说，吃人家嘴软，拿人家手短，吃了喝了拿了，你就必然被牵着鼻子走，陷入深重的泥潭而不能自拔。像胡长清一样，一些贪官污吏在反省时总是后悔当初不该轻易地吃了喝了收了，可惜悔之晚矣，教训可谓刻骨铭心。

凡是清正廉洁的党员干部，在这个问题上无一不是认真对待，严格要求的。比如河南省兰考县原县委书记焦裕禄同志，在一次县委会上这样告诫党员干部：“小节不慎，大节难保。可不能让针尖大的窟窿透斗大的风。”这句话在今天听来依旧振聋发聩，令人深思。焦裕禄同志在任期间不光不沾公家的一点东西，就连群众自愿送的也一律不要。

1963 年春，焦裕禄同志在城关镇指导农户生产时，发现一些遭受内涝的群众生活困难，但看到当地水源充足，便建议他们利用低洼地扩塘养鱼。一些农户通过养鱼渐渐走出了贫穷，当大家听说焦书记肝病很严重时，就派一家农户带了 10 条活鱼送了过来，说要给焦书记补补身子。看到一桶活蹦乱跳的鱼，几个孩子都特别高兴，盼着能吃顿鱼解解馋。可当焦书记问清了 10 条鱼的来龙去脉后，他说：“这些群众通过养鱼改善了生活，每一条鱼都有他们的血汗，咱哪能吃得下去啊！”于是鱼被送了回去。第二天，几个老乡拎着鱼再次来到焦家，有些生气地大声说道：“焦书记，乡亲们现在的好日子是您带来的，给您逮几条小鱼就不要，这是看不起俺们哪！”群众这样一“将军”，焦裕禄只好收下了鱼。他们前脚刚走，焦裕禄就拿来杆秤称了轻重，按照市场价格把钱如数送到他们家中。[①]

决不能让针尖大的窟窿透斗大的风。2013 年 1 月 22 日，十八届中央纪委二次全会上，习近平告诫全党，中国历史上因为统治集团严重腐败导致人亡政息的例子比比皆是，当今世界上由于执政党腐化堕落、严重脱离群众导致失去政权的例子也为实不少。会上，他引用唐代诗人杜牧在《阿房宫赋》中“秦人不暇自哀，而后人哀之；后人哀之而不鉴之，亦使后人而复哀后人也”谈秦朝衰败。

然而知易行难，世间的道理大概人人说得明白，就像这种“堤溃蚁穴、气泄针芒”的道理简单得你不用去论述大家也都懂得，可不幸的是，直至如今，还有人在用自己的自由甚至性命一而再，再而三地去印证它的正确。中国海关总署原副署长王乐毅忏悔说：“到北京工作后，我开始能自觉做到送礼不要，请客不到，并注意不与工作对象密切往来。后来由于受庸俗作风的影响，自己又没处理好‘友情和原则’的关系，对老同事、老部下来找我办事时，给我带来的烟酒和土特产由不收到盛情难却地收下，逐渐发展到基层单位的领导和我分管的业务部门的同志送给我的也收下了。慢慢地，我对腐朽庸俗风气在海关系统的反映和表现，由不习惯到习以为常、熟视无睹，我在其中随波逐流，甚至推波助澜……”

老百姓通常讲的，“针尖大的窟窿能透斗大的风”就是这个浅显的道理，虽然浅显，它却实实在在就在那里，管你知道不知道，顺应

① 《焦裕禄拒礼：针大的窟窿透斗大的风》，载《解放军报》2014 年 3 月 27 日。

不顺应，它都在起作用。人事有代谢，往来成古今。真不知还会有多少人要以他们的自由与性命去献祭这么一个浅显的道理。

2. 激浊扬清，把权力关进制度的笼子里

2006年1月24日，习近平任浙江省委书记时在省委办公厅系统的总结表彰会上讲到了清代思想家顾炎武的《与公肃甥书》，书中说：“诚欲正朝廷以正百官，当以激浊扬清为第一要义。”也就是说要兴国安邦正百官，必须除恶扬善，扶正祛邪，弘扬正气。他要求领导干部，始终保持“富贵不能淫，贫贱不能移，威武不能屈”的大丈夫气节。

2013年1月22日，习近平总书记在十八届中央纪委二次全会上的讲话中强调，要加强对权力运行的制约和监督，把权力关进制度的笼子里，形成不敢腐的惩戒机制、不能腐的防范机制、不易腐的保障机制。党的十八届六中全会指出，监督是权力正确运行的根本保证，是加强和规范党内生活的重要举措。要完善权力运行制约和监督机制，形成有权必有责、用权必担责、滥权必追责的制度安排。

激浊扬清，把权力关进制度的笼子里，既是一种束缚，也是一种保护。之所以说是“束缚”，是因为要关住权力，并非是让权力在笼子里僵死或“睡大觉”，而是要让权力在规定框架内恰如其分地、更合理地发挥作用，实现其取之于民、用之于民、造福于民的价值。之所以说是“保护”，也许很多人有疑问，就是为了让执权之人更好地抵御外界不良风气诱惑，在用权时不专权、不越权、不谋私，不沦为“苍蝇”“老虎”。正像有一群人去草原看狮子，导游告诉大家狮子很凶

猛，一定要注意安全，并用车拉了一个大号铁笼子。游客们感到好笑，你笼子再大，难不成还能把草原上所有狮子都装进去？导游的回答是，一个笼子肯定装不下所有的狮子，但可以把游客装进去。

激浊扬清，把权力关进制度的笼子里，要厘清“权力”和“制度”这两个关键词。这些要被关进去的“权力”，指的是作为执政党及其政府以及各级官员手中拥有的公共权力，也就是人们所说的公权，而非私权。这个要关住权力的“制度”，也绝不是那些写在纸上、贴在墙上、说在嘴上那样毫无执行力的制度，而是能够真正把权力关进“笼子”里去的制度，也就是习近平总书记所强调的“不敢腐的惩戒机制、不能腐的防范机制、不易腐的保障机制”。[①]法国思想家孟德斯鸠在《论法的精神》中进一步指出：“任何有权力的人，都易滥用权力，这是万古不易的一条经验。有权力的人们使用权力一直到遇有边界的地方为止。”英国近代思想家阿克顿有句名言：“权力导致腐败，绝对权力导致绝对的腐败。”习近平总书记在省部级主要领导干部学习贯彻十八届四中全会精神全面推进依法治国专题研讨班开班式上强调：“权力是一把双刃剑，在法治轨道上行使可以造福人民，在法律之外行使则必然祸害国家和人民。把权力关进制度的笼子里，就是要依法设定权力、规范权力、制约权力、监督权力。”习近平总书记的论断和两位先哲的观点用时下流行语来说就是，权力一旦“任性”，必然肆意横行，导致腐败。

激浊扬清，把权力关进制度的笼子里，关键抓好“常”“长”二字。正如习近平总书记在十八届中央纪委二次全会上强调的那样，反腐倡

① 内蒙古自治区中国特色社会主义理论体系研究中心：《笼子论：把权力关进制度的笼子里》，载《内蒙古日报》2015年9月7日。

廉必须常抓不懈，拒腐防变必须警钟长鸣，关键就在“常”“长”二字，一个是要经常抓，一个是要长期抓。有了“常”和“长”两位护法，把权力关进制度的笼子里就不会沦为“一阵风”，一些“上有政策下有对策”的权宜之计也就失去了生存的土壤。久而久之，当所有人（包括执权者自己）都已经习惯了权力在制度笼子里运行时，权力就彻底失去了“任性”的空间，再也“任性”不起来了。

三、正心明道，防微杜渐

老子在《道德经》中尝言：“天下难事必作于易，天下大事必作于细。”可见，那些看似微不足道的小事杂事，恰恰是做成大事难事的阶梯。唯物辩证法讲到，任何事物的变化都是从量变到质变的过程，因此，正确处理好大事与小事之间的关系，从一点一滴中完善自己是我们工作中必备的一项基本技能。实践经验也不断地告诫我们，一个连“小事”都做不好的人，是不可能承担起大目标、大任务的。小事虽小，但要做好每一件小事却很不容易，党员干部要勤于在一点一滴的小事中完善自己。这就要求党员干部要以严谨、细致，勤勤恳恳、兢兢业业的工作态度，以求真务实的工作作风开展工作，多做小事，把小事做扎实，做细致。从解决具体问题入手，把各项工作做细、做实、做到位。只有小事做好了，基础打好了，大事才更容易做成。

1. 做小事易，把小事做好难

人们常说：要站得高，才能看得远。事实上，能够把一些具体的、琐碎的、简单的事做好，才是成就大事的基础。一件事情的成功与失败，取决于一个人思想中那一点点细微的变化；一场球赛的胜利与失败，取决于每一名球员之间的配合以及每一个细微的小动作；一个人能否获得成功，取决于是否把握住出现在面前的小机会；而一名党员干部能不能赢得民心，则取决于能不能真正把小事做好。

现实中，一些党员干部总认为要站得高，才能看得远。热衷于“大项目”，醉心于“大事业”，对普通群众的衣食住行，比如“行路难、上学难、看病难”等等问题，却显得热情不高、行动不快，总认为这些都是鸡毛蒜皮、不够分量的琐碎小事，不值得费劲费力、不愿意多花心思，表现在工作中，就是经常拖拖拉拉，甚至敷衍了事。树立远大目标没有错，但是，对大多数党员干部而言，处于生产生活的第一线，接触最多的并不是大项目、大工程，而是基层的“细枝末节”、群众的“头疼脑热”。所以说，广大党员干部，只有摒弃好高骛远的浮躁心态，脚踏实地、兢兢业业，切实把小事当成大事来做，才能真正把工作做实、做好，正所谓“合抱之木，生于毫末；九层之台，起于累土”。

“基层群众生活劳动都不容易，作为检察干警，要学会换位思考，用对待亲人的态度对待百姓，把群众的烦心事当作自己的心头事。”这是刘卫经常同检察室干警说的一句话。刘卫是山东省齐河县人民检察院派驻焦庙检察室的一名检察官。参加工作以来，他始终以饱满的热情投身于工作当中，时刻用一名检察官的职责约束和提高自己，积极化解群众矛盾，解决群众困难，维护了司法公正和社会和谐稳定。

王立星是焦庙检察室辖区的居民，从事生猪养殖行业，在当地也算小有名气。国家对养殖行业有个用电补贴政策，享受国家补贴后的养殖用电是每度 0.6 元，而他在养猪过程中却一直用的是商业用电，最高达每度 1.4 元，大大增加了养殖成本。由于该村没有执行养殖用电优惠政策加上享用国家补贴电价变更的手续很严格，他去过电业部门好多次，都因证件不全无法变更电价，他自己也不知道怎么提供相关的手续，就在他想要放弃的时候，刘卫在走访中发现了这一问题，主动耐心地多次帮他联系相关单位、完善手续。经过刘卫的帮助和协调，王立星在证件齐全后向电管部门申请养殖用电，困难得到了解决。2015 年 4 月，刘卫在一次法律宣传中了解到，辖区一户居民刘曰泉老人年轻时因为摔伤造成肢体残疾，失去劳动能力，多年来独身一人生活，靠养羊放羊维持生计，生活非常困难，去年年底家里仅有的 8 只山羊全部被盗，而案件一直没有被侦破，无法得到赔偿。看着老人贫困的生活状况，刘卫内心十分不是滋味，遂将相关情况反映给了院领导，控申部门及时启动了刑事被害人救助程序，报经检察长批准后向刘曰泉老人发放了 5000 元的经济救助，帮助其尽快渡过生活难关。针对由于他的户口一直挂靠在近亲属家，不符合低保政策的要求，无法享受低保政策的问题，刘卫通过和公安派出所、民政部门进行协调，现在老人的户口已经单独分户，低保手续也已经办理完毕。

像刘卫这样甘于做小事的党员干部还有很多。只有深入到群众中，了解群众的疾苦、要求，为人民群众排忧解难，把为人民群众办小事、解难事的工作做到心坎上，才能赢得群众对党的信赖，对干部作风的认同，对领导形象的认可，才能真正提高党的威信，增强人民群众对党的向心力，密切党与人民群众关系的凝聚力和团结奋进的战斗力。

成就大事业，先要从一点一滴的小事做起。小事不是不变的常数，而是一个变数、活数。从古语“不积跬步，无以至千里；不积小流，无以成江海。骐骥一跃，不能十步；驽马十驾，功在不舍”可以看出，小事与大事之间有着常变、常新的辩证法，在小事中蕴含着深刻的学问、哲理。我们通常讲的小事，单从字面上理解，“小”字的含义无非就是涉及的范围小、存在的支撑面小，受人们的关注小、成就的成果小。从其内涵上来分析，“小”字覆盖着社会生活的方方面面，社会是由诸多小的元素所组合、构建而成。老百姓的衣食住行、生老病死、求医看病、柴米油盐、冷暖安危，看起来是小事，实际上都是大事。处理不好，解决不周，管理不善，就会出乱子、不稳定、难安定。这就是说，小中有大，小中见大；而“大”是由许多的小元素聚合形成的。每个人所做的工作，都是由一件件点滴小事构成。只有肯干小事，从一点一滴小事做起，才能为做大事打下坚实的基础，创造出人生不平凡的业绩。

众所周知的美国福特公司的创始人福特先生在他大学毕业后，曾去一家汽车公司应聘。和他一同应聘的另外几个人都比他学历高，当前面几个人面试之后，他觉得自己已经没有什么希望可言了。于是，既来之，则安之。他敲门走进了董事长办公室，刚一进门，他发现门口地上有一张纸，便弯腰捡了起来，仔细一瞧是一张废纸，就顺手把它扔进了废纸篓里。然后才径直走到董事长的办公桌前，说：“我是来应聘的福特。”董事长微笑着说：“很好，很好！福特先生，你已被我们录用了。”福特十分惊讶地问道：“董事长，我觉得前面几位都比我好，您为什么录用我？”董事长回答道：“福特先生，之前三位应聘者学历的确是比你高，而且仪表堂堂，但他们的眼睛只能‘看见’大事，而看不见小事。你的眼睛能看见小事，我认为能看见小事的人，将来自然能看到大事，一个只能‘看见’大事的人，他会忽略很多小事，他是不会成功的。所以，我决定录用你。”福特就这样进了这个公司，而这个公司不久便扬名天下，后来这个公司改名为“福特公司”，也相应改变了整个美国国民经济状况，使美国的汽车产业在全世界独占鳌头，这就是今天我们所知道的“美国福特公司”的创始人福特。大家说，这张废纸重要不重要？看见小事的人能看见大事，但只能“看见”大事的人，不一定能看见小事。

人，只有努力、刻苦、勤奋地做好小事，才有可能成就大事业。正所谓，“一屋不扫何以扫天下”。从一定程度上讲，办小事是成大事的基础和前提。每一件涉及全局的“大事”，最终还要落实到那些看似“鸡毛蒜皮”的小事上。党的事业就是一座高山，这座高山由无数的“平凡小事”堆积而成。常言道，细节决定成败，小事成就大事。领导干部在工作、事业、生活上既要做小事，又要干大事。今天，在我们的领导干部队伍中仍然存在着这样一些问题，有的人比较重视想大事、抓大事、干大事，对引人注目有轰动效应的工作既愿意揽、也乐意干，以求大的政绩，出名挂号；有的人对事关群众利益的琐事、细事、繁事，却不屑去想、去抓、去做，认为那是小事一桩，抓得再多，干得再好，也不易被人察觉，更难动人、感人、惊人，导致实际工作中在小事上汇报工作无人听，上级看不见，出力不讨好。只讲干大事，丢掉做小事，这是少数为官者的陋习。应当充分认识到，积少成多，善做小事便能成就大事；打好做小事的基础，才能为以后的大事铺好成功之路。所以说，既要做好小事，又要干好大事，这才是明智之举、从政之责、做官之本、执政之要、创业之道、建功之基。

2. 一点一滴的小事中彰显制胜关键，切勿因小失大

事不厌小、事不厌烦、事不厌细，把小事做好，就能成就事业。古今中外因小失大的事例举不胜举。在古英格兰流传着这样一首民谣："少了一枚铁钉，掉了一只马掌，掉了一只马掌，丢了一匹战马，丢了一匹战马，败了一场战役，败了一场战役，丢了一个国家。"这讲的是英国国王查理三世丢掉整个国家的故事。在 1485 年英国国王查理三世正面临着一场十分重要的战争，这场战争关乎整个国家的生死存亡。就在战斗打响之前，国王让马夫去将自己最喜爱的战马备好，马夫立刻找到铁匠，并吩咐他马上给马掌钉上马蹄铁。铁匠在钉好了第三个马掌，正钉第四个马掌的时候突然发现还缺一颗钉子，马掌没完全钉牢。马夫即刻将这一情况上报给了国王，国王眼见战斗即将打响，根本没有顾忌第四个马掌还缺一颗马蹄钉，就匆匆骑马上了战场。在战场上，国王骑着他的战马带领士兵冲锋陷阵，战场形势十分激烈。突然，一只马蹄铁脱落了，战马跌倒在地，国王也被重重地摔了下来。在国王还没来得及再次抓住缰绳的时候，那匹受惊的马就跳起来一跃逃跑了。士兵们眼见国王倒下，便自顾自地逃命去了。整支军队瞬间土崩瓦解，战局因此一败涂地。敌军借机反击，并俘虏了国王。国王

这时才意识到那颗钉子的重要性。这便是博斯沃思战役，就是这场战役理查三世丢失了整个英国。

1930年4月，冯玉祥与阎锡山结成反蒋联盟，准备发动讨伐蒋介石的中原大战。为了集中精锐兵力消灭蒋介石在河南的有生力量，阎锡山和冯玉祥通过军事作战会议研究制订出了具体的作战计划。根据研究制订出的作战计划，阎锡山和冯玉祥决定各派出一支精锐部队，在河南沁阳县会师，集中兵力，优势合围，一举歼灭蒋介石驻扎在河南省的军队。会后，冯玉祥的作战参谋很快就拟定了一份命令："命令某某部，昼夜兼程，直插沁阳，与阎锡山部会师……"由于撰写命令的作战参谋粗心大意，把沁阳的"沁"字，多了一撇，写成了"泌"字，这样一来，集结地点由"沁阳"变成了"泌阳"。（沁阳位于河南省北部，距离黄河北岸约70公里，北靠山西。）之所以选择沁阳为两军的集结地，是因为沁阳离山西较近，而阎锡山的军队绝大部分驻扎在山西，借助阎锡山军队的地理优势，进可攻、退可守，十分有利。而"泌阳"位于河南省的南部，离湖北省只有几十公里路程。当时蒋介石重兵驻防之地就在湖北，在那里集结当然对冯阎联军十分不利。奉命集结参战的军官，接到调动军令后，虽然感到非常惊讶，但是因为冯玉祥平时治军颇严，部下养成了"军人以服从命令为天职"的习惯，故也没有进行过多的询问，立即带领部队日夜兼程赶赴离真正会师地点相隔250多公里的泌阳。就是这一撇之差，冯玉祥的军队错误地开进泌阳，贻误战机，使阎锡山和冯玉祥的联军陷于被动，导致联合作战计划失败。中原大战以蒋介石一方胜利、冯玉祥和阎锡山联军失败告终……这些历史教训一再警示，细节决定成败，勿以事小而轻忽，一点一滴的小事中彰显制胜关键。

任何一个人的成功都不是偶然的，有些看起来很偶然的成功其实是在一点一滴的累积中成就的。百分之一的错误导致了百分之百的失败，一钉损一马，一马失社稷，在很多时候，事情的成败就取决于不为人知的点点滴滴。

3. 群众利益无小事，为人民服务要从一点一滴小事做起

“群众利益无小事”。群众的一桩桩“小事”，是构成国家、集体“大事”的“细胞”，小的“细胞”健康，大的“肌体”才会充满生机与活力。对老百姓来说，他们身边每一件琐碎的小事，都是实实在在的大事，有的甚至还是急事、难事。如果这些“小事”得不到及时有效的解决，就会影响他们的思想情绪，影响他们的生产生活。党员干部要增强群众观点，始终把职工群众的利益放在心上，把关心群众的冷暖记在心里，做群众的“贴心人”“主心骨”。小事在群众中，小事在群众平凡的生活中，小事关系到群众的切身利益。小事之中有政治、有民情、有民意、有民生。所以说，小事最能贴近群众生活。

为什么说群众利益无小事？革命战争年代，毛泽东在宋屋村调查了解旱情时和当地老农们一起劳动，车水润田；邓小平带领工作人员一同帮助红军战士刘泮琳的妻子翻地，拔草莳田；贺子珍经常到中央政府附近村庄替红军家属照顾家中老母，挑水砍柴……他们始终将自己融入群众中，把广大群众的事当作自己的事。不管是党的地方干部还是部队官兵，每到一个村，都能到百姓家喝口水、坐炕头、拉家常，

顺便了解一下民情民意，为百姓做一些力所能及的好事、实事，和老百姓结下了鱼水之情，有些甚至传为佳话。

在革命圣地江西瑞金沙洲坝，有一口历经岁月沧桑的石井，它凝聚着党、红军和苏区人民深厚的鱼水情谊，承载着一段刻骨铭心的红色历史记忆，它的名字叫作“红井”。

1933 年 4 月，毛泽东随临时中央政府从江西瑞金叶坪村转移至沙洲坝。沙洲坝一带常年干旱，缺水严重，加之村民迷信，怕挖井招来鬼神之祸，便到几公里外的小河里挑水，或喝村前又臭又脏的塘水。

毛泽东住到这里后发现，当地村民饮水非常困难，许多村民因食用脏水而生病，他便带领几位同志沿河而上寻找水源。然而，沙洲坝前接丘陵、后依高山，坝上沙石遍地，河水干涸。毛泽东一行人虽在后山找到一股山泉可暂缓村民饮水之急，但因地远量小，终究不是长远之计。于是，毛泽东召集全村人开大会，和村民们一起商量挖井事宜。会上，大多村民表示：“沙洲坝地下有旱龙，挖水井会遭报应的。”毛泽东听后笑着对大家说：“挖水井是为了大伙有干净的水喝，谣言不可信，这井我来挖，若有鬼神来，找我毛泽东。”村民们听后笑了起来，在毛泽东的耐心讲解下最终同意了挖水井。

为尽快挖好井让老百姓喝上干净的水，毛泽东发动中央机关工作人员和红军战士们一起挖。村民们看见毛泽东亲自动手，也纷纷带着工具前来帮忙。大家挖的挖、铲的铲、挑的挑、抬的抬，几天工夫，一口 5 米深的水井挖好了。之后，中央各机关纷纷帮助其他村民开挖水井，在沙洲坝掀起了一股为百姓挖水井的热潮，切实解决了当地村民饮水难的问题。

喝着甘甜的井水，沙洲坝的人民无不怀念和感激毛主席、共产党和红军，人们亲切地给这口井取名为“红井”。20世纪50年代，人们在这口井旁边立了一块碑，上面刻着：“吃水不忘挖井人，时刻想念毛主席。”这口“红井”成为党和苏维埃政府与群众血肉相连的见证。①

社会主义建设时期，我党领导干部的楷模焦裕禄、孔繁森、郑培民、牛玉儒等，之所以能成为人民称赞的楷模、学习的榜样，就是因为他们心里时刻装着党和人民，都能深入到基层，经常到老百姓家喝口清水，了解情况，为人民群众排忧解难、化解矛盾。

马克思主义政党的一切理论和奋斗都应致力于实现最广大人民的利益，这是马克思主义最鲜明的政治立场。无产阶级政党的先进性就在于，始终能够把最广大人民群众的根本利益摆在首位，把全心全意为人民服务作为自己的根本宗旨和价值追求，没有自己特殊的利益。我们党的历史经验证明，人民群众是社会实践和社会生活的主体，人民群众的实践活动创造了社会的物质财富和精神财富，推动着社会历史的发展进步。我们党全部工作的出发点和落脚点，就在于动员群众、组织群众，使人民群众自觉认识自己的利益并为之而斗争。

4. 放任“小事小节”酿“大疾”，注重小事小节，要勤于修身

大大小小的腐败案件往往始于小事小节，从小节失守到大节丧失，是一些党员干部走向腐败的普遍规律。现实生活中，舌尖上的浪费、

---

① 黄亚楠：《群众利益无小事》，载人民网－中国共产党新闻网，2015年12月21日。

车轮上的特权、工作上的惰政等，看似不起眼，实则是思想蜕变的起始。往大了说，影响的是党的形象、政治风气；往小了说，就是个人的修养问题、小节问题。党员干部是人民的公仆，要加强修身，提高党性，坚定思想信念，要做到“富贵不能淫”，要通过不断的学习分辨是非，不断的自省提高思想境界，始终保持共产党员的本质不褪色，自觉与腐朽思想划清界限。

“小事小节”不可小觑，注重小事小节，要勤于正身。小事小节如同一个人的影子，领导干部自己往往看不到，可周围的群众却看得一清二楚；小事小节一旦出问题，看似是个人生活上的小事，日积月累就会影响领导干部的自身修养，伤害群众感情。“勿以恶小而为之，勿以善小而不为”，俗话说，苍蝇不叮无缝的蛋，同样，腐败止于正气。腐败犹如一只无形的苍蝇时刻存在于党员干部周围，等待着腐化的“缝”伺机而动。党员干部，在任何时候、任何情况下都要能把握住自己。要始终坚持工作原则和权力运行规范，不为财所诱，不为色所迷。勤于正身是一种执政境界，能够帮助党员干部避开腐败行为，高风亮节，树立一身正气。

“小事小节”是明镜，党员干部要正衣冠更要修己心。“岂不罹凝寒，松柏有本性”，“温水煮青蛙”的生死考验是严酷的。注重小事小节能有效地保持党的纯洁性，唯防微方能杜渐，不从小处着眼，不把住开关，怎么能保证不出问题。党员干部慎小事拘小节的过程，实际上就是加强党性修养的过程。作为党员领导干部，不仅不能不慎小事、不拘小节、天马行空、自由放任，反而要高度重视小节问题，重视日常点滴，重视作风养成，正衣冠、修己心。

第七章

心不动于微利之诱，目不眩于五色之惑

Chapter 7

习近平总书记在参加2018年十三届全国人大一次会议重庆代表团审议时指出，要多积尺寸之功。小事小节是一面镜子，小事小节中有党性、有原则、有人格，时刻保持人民公仆本色。要慎独慎初慎微慎欲，培养和强化自我约束、自我控制的意识和能力，在私底下、无人时、细微处更要如履薄冰、如临深渊，始终不放纵、不越轨、不逾矩，增强拒腐防变的免疫力，始终做到心不动于微利之诱，目不眩于五色之惑。

一、常思贪欲之害，常怀律己之心

弟子问禅师："世上最可怕的是什么？"禅师说："欲望！"弟子满脸疑惑。禅师说："我给你讲一个故事吧！"

有一个农民想要买一块地，他听说有个地方的人想卖地，便决定到那里打探一下。到了那个地方，他便向人询问："这里的地怎么卖呢？"当地人说："只要交1000块钱，然后就给你一天时间，从太阳升起的时间算起，直到太阳落下地平线，你能用步子圈多大的地，那些地就是你的了，但是如果不能回到起点，你将不能得到一寸土地。"

这个人心想："那我这一天辛苦一下，多走一些路，岂不是可以圈很大的一块地？这样的生意实在太划算了！"于是他就和当地人签订了合约。

太阳刚一露出地平线，他就迈着大步向前疾走，到了中午的时候，当他回头已看不见出发的地方时他才拐弯。他的步子一分钟也没有停下，只是一直向前走着，心里还在想："忍受住这一天的辛苦，以后就可以享受这一天的辛苦带来的欢悦了。"

他又向前走了很远的路，眼看着太阳快要下山了，他心里非常着急，因为如果他赶不回起点处，就一寸地也得不到了。于是，他走斜路向起点赶去。可是太阳也马上就要落到地平线下面了。于是他加紧了脚步，只差两步就要到达起点了，但这时他的力气已经耗尽，倒在了那里，倒下的时候他的两只手刚好触到了起点的那条线。那片土地归他了，可这又有什么用呢，他的生命已经失去了。

禅师讲完，闭目不语。弟子听完这个故事，忽然若有所思，他从这个故事中知道了“世上最可怕的是什么”的答案。

1. 世上最可怕的是欲望无止境

人有欲望是正常的，但如果欲望过盛，就会自寻烦恼，自招痛苦，甚至引来灾祸。这一切，都源自于我们那颗不听话的心。如何避免这一最可怕的东西降临到我们身上呢？掌控好我们的内心，让心听自己的话，不被过盛的欲望所蛊惑。

伊索寓言中有这样一则小故事：一间蜂蜜工厂的仓库里，洒了很多蜂蜜，吸引了许多苍蝇飞来吃，而且因为蜂蜜太香了，它们都舍不得离开。不久，这些贪吃的苍蝇都因脚被蜂蜜粘住而飞不走了。它们临死时，很难过地说：“我们真是太贪心了，为了短暂的快乐，却赔上了宝贵的生命。”

贪欲造成的后果，轻则为社会公德所谴责，重则为法律所不容。常言道：欲壑难填。我们有些党员领导干部利欲熏心、利令智昏，甚至将党纪国法置于脑后，腐化堕落，以致辜负了自己的亲人，甚至葬送了自己的前程和性命。

有些人因为贪婪，想得更多的东西，最后却把现在所有的也失掉了。

泰山脚下，来了一个外地人，有一天，他无意中在山脚看到了一个水潭，他在水潭底部发现了一些金粉。但是他不敢拿，怕被人发现，然后他就在本地的一家宾馆住下来。等到大年初一，他正好找个去祭拜泰山神的借口，把那些金粉拿回家来，炼出了十两黄金。以后每年初一他都去那个水潭里取金粉炼黄金。后来，他年纪大了，他最后一次去了宾馆，告诉宾馆老板这个秘密。宾馆老板一听乐了，第二年他就去那儿挖了金粉，炼了十两黄金。老板想：炼十两黄金太少了，如果把水潭加大，这样一年后就可以多挖一些金粉，多炼一些黄金。于是他就把水潭挖大了很多。但是一年后，当他再次来到水潭时，却发现水潭底部再也没有金粉了！

贪婪是一根刺，它无时不在刺痛和折磨着人们。拔掉这根刺，才能生活得安宁幸福。

有一位贪心的人上街去买鞋，心里总想着捡便宜一点的。不料，店主跟他说："我这里的鞋一文钱不要，随便你拿，但有一个条件，就是你在三天内不能说话。"还有这样的好事！贪心鬼认为这次真是太划算了，于是拣了一双鞋不声不响就回家了。妻子问他多少钱，他一言不发，再三问，还是不说话。大家都认为他得了怪病，于是去请医生过来看。医生也慌了，认为这种病无法医。到了第三天，那位卖鞋的店主来到他家，先与他妻子谈了一会儿，然后进屋对贪心鬼说："时间已到，你可以说话了。"说完便告辞了。那贪心鬼眉飞色舞地对妻子说："告诉你一件事，我白白得了一双鞋！"妻子瞪了他一眼："什么？刚才那个人说他会治哑巴，我给了他100元，可你这双鞋才只值50元啊！”

我们经常会听到一些落马贪官这样忏悔：要么抱怨组织管理失之于软、提醒太晚，要么是悔恨自我约束不够严格、太过放纵。抱怨也好、悔恨也罢，其实说到底还是没有常怀自律之心。[①]

不管是受贿还是贪污，很多都是在阴暗的角落里进行的。他们总是自作聪明地认为，自己做得绝对巧妙，知情范围小，攻守同盟牢，安全系数大，贪婪之举别人不会知道，上级不会查究。正是有这种侥幸心理，很多原本收受贿赂时颤抖的手现在就不那么颤抖了，原本怦怦跳的心现在也不那么紧张了，贪污受贿起来也就心安理得了。但是，“要想人不知，除非己莫为”。建立在贪欲基础上的攻守同盟、“安全防线”，在法纪的铁拳面前往往不堪一击。“天网恢恢，疏而不漏。”任何心存侥幸、以身试法的人，最终都难逃法纪的严惩。

在我国历史上，唐太宗李世民是一个严以律己的皇帝，他不但爱护自己的子民，而且在他执政的过程当中，能够用心听取别人的意见，把别人的意见当作自己的镜子，时刻提醒自己要做一个好皇帝。

贞观二年（628年）夏末，天气特别炎热，皇宫内又闷又潮，大臣们建议给已经当了皇帝的李世民修一个高阁，以避暑湿。李世民说：“朕的气管不好，当然不适合住在这么潮湿的房子里。可是，如果朕同意了你们的意见，就要花费许多钱财，还如何称得上为民父母呢？”因此他拒绝了大臣们的建议。

① 李炜：《从严治党贵在从严律己》，载中国共产党新闻网，2014年11月19日。

李世民虽然对自己要求很严格，但他很爱护他的子民。贞观二年，李世民下令由国家出钱让那些自卖为奴的人赎身，回到父母身边，还曾用金帛从突厥赎回汉人八万口。为了灾年能够更好地赈济灾民，李世民又下令各地修建义仓，储粮备荒。到了贞观三年，流落到塞外的汉人和自动移入中原的少数民族人数，达到了120多万人。在解决老百姓的生计方面，李世民实施了很多行之有效的办法。如推行均田制、租庸调制、府兵制等等。这些办法在一定程度上减轻了农民的负担，部分满足了他们的土地要求，大大提高了百姓从事生产的积极性，也使社会更加安定。因此，在唐初自然灾害不断的情况下，农业生产仍得到比较好的发展。

李世民不但爱护自己的子民，而且在治理国家上还有一大特点，那就是善于兼听各方面的意见，不怕臣下顶撞自己，鼓励臣下讲自己不爱听的话。魏徵本来是窦建德的起居舍人，是李唐的敌对阵营。他被唐军俘获后，又给李建成当了太子洗马，并且建议李建成及时除掉李世民，免得将来构成威胁。但李世民看出魏徵是个人才，后来不但不杀他，还任命他为自己的詹事主簿，当了皇帝后又任命他为谏议大夫。魏徵是个直性人，敢于直言李世民的过失。贞观元年，岭南少数民族首领冯盎反唐，李世民集中江南五岭等地几十个州的兵力准备讨伐冯盎。魏徵上谏说："现在国家初定，而岭南地区瘟疫横行，不宜大规模用兵。另外，现在还没有冯盎确实造反的证据，我们不应该贸然用兵。"李世民说："这么多的人现在都在告他造反，他又几年不来朝拜，你怎么还不确定他要造反呢？"魏徵据理力争："如果冯盎真的反了，他一定会派兵占领险要去处，进而攻占抢掠郡县。几年以前就有人说他要造反，但是并不见他派兵出境，这就证明他没有反。现在大家都说他造反，加上陛下又没有派人去抚慰他，他肯定不敢轻易来朝拜。如果陛下派一个使臣去安抚他，他一定会为避免了一次灾祸而高兴，就可以不出一兵一卒让他臣服。”李世民听了魏徵的意见，派了一个使臣到岭南，冯盎派他的儿子同使者一起到长安朝拜，一场干戈，就这样化为玉帛。李世民高兴地说：“魏徵让我只派了一个使臣，岭南便安定下来。一人胜过十万之师！”这是唐太宗律己纳谏、治国益民的又一件大事。

其实不止魏徵，其他人的不同意见，李世民也经常听取。李世民深为选吏过程中的欺诈行为所气愤，有一次下了一道敕命：凡在选吏过程中有与所报情况不实的，负责的官员一定要自首，否则一律杀头。后来果然发现有一个虚报的人，李世民正准备要杀他，兵部郎中戴胄上谏道：“按法律的规定，这个人应该流放，而不应该杀头。”李世民听了大怒：“你要守法，难道就让我失信吗？”戴胄说：“敕命是陛下在气头上发布的，而法律则是国家取信于民的根本。如果陛下以法律来决断此事，是忍小愤而存大信。”李世民不仅听从了戴胄的劝告，而且在隋朝官制的基础上，建立了一套完整的行政制度和配套机构，使官僚系统得到了精减；还建立了科举制度和学校，使官吏的选拔更加有法可依，也使普通百姓中的志士仁人，有了进入国家机构的可能。

戴胄为什么敢于以法律来反对李世民的敕命呢？因为他看到了李世民高度重视法制。

还在唐朝建立前，李世民打败了窦建德，率军进入洛阳。他下令将军们给各宫殿和仓库都贴上封条，什么也没拿，只是收集了隋朝的典章制度、各种档案，并将这些小心翼翼地保存起来[①]。他当上皇帝不久，就着手更定律令，命长孙无忌、房玄龄等大臣在隋律的基础上加以修订，制定了唐律。修改法律的一个总的精神，就是减轻刑罚。长孙无忌等人的唐律初稿，取消了隋律五十条处以绞刑的条款，把这些条款中的绞刑，改为砍掉脚趾。李世民说："朕是赞成废除肉刑的，朕认为还是改成其他处罚为好。"后来砍掉脚趾改成了流放到三千里以外三年。还规定，判死刑的人必须上报朝廷，经过三次往返审核，才可以执行，而朝廷各衙门的人若犯了死罪，要经过五个反复。贞观四年这一年，全国才处决了二十九个人犯。

由于李世民重用耿介之士，小人便无法靠前，所以他的身边，集中了一大批像魏徵、戴胄这样正直有为的官吏，如屈突通、尉迟敬德、马周、刘洎等。再加之李世民严于律己、爱护子民，在他的治理下，到了贞观四年（630年），唐朝已经变得很富足。人们不在家的时候不必锁门，出门在外也不用像以前那样，还得自己背着粮食。后人在史书中把唐太宗当政的这段时间，称为"贞观之治"。

2. 严于律己，拒绝诱惑

严于律己，拒绝诱惑对我们每个人来说都很重要。当今社会思想多元、价值多样，物欲横流、诱惑多多。尤其是我们的党员干部，也时常承受着冲击、面临着诱惑。因此，作为一名党员干部，不能把自

① 李宝华：《唐太宗纳谏》，载《新长征》1997年第12期。

己当作绝缘体，不能置身事外，而应远离诱惑，管好自己，一旦接受了诱惑，最终往往是自毁清白。

从严律己自当“心中有主”。许衡的故事告诉我们，要时时知敬畏、有底线、守规矩。不管别人知不知道，我们始终都要坚持不为名所累、不为利所缚、不为权所动、不为欲所惑，心不动于微利之诱，目不眩于五色之惑。只有这样，才能永葆大道不偏离、大节不丧失，立命于天地、立身如磐石。

在今天，有部分人难耐“清水衙门”之苦，难守“当官即不许发财”的信条。在他们看来，我资历还算老，贡献也不少，论职位我不低，论权力我不小，凭什么别人能捞我不能捞，别人能享受我不能享受？当他们和别人比谁的权大、谁的钱多、谁的生活潇洒时，满脑子想的是怎样攫取，哪里还会想到贪欲之害？在贪婪之路上如此“赛跑”的人，就应该好好想想贪官是怎样一步步走向大牢和地狱之门的。有些人对十几万、几十万元的大“红包”心存畏惧。但他们对“喝个小酒、收个小礼、受个小贿”等“小诱惑”往往毫无畏惧之心，统统照单笑纳。在他们看来，收大礼受大贿风险大，但收点小礼顶多算违纪，警察管不着，法官判不着，处分够不着，基本也就没人管。殊不知，“恶不积不足以灭身”。一个人的贪欲之口一旦打开，就不会满足于小打小闹，很难在更大的诱惑面前止步，从而逐步滑入贪欲的泥潭难以自拔，最终面临的，只能是牢狱之苦甚至是杀身之祸。[①]

一时的自律并不难，难的是时时处处严于律己。时下有种“59 岁

① 汪飞：《常思贪欲之害》，载《学理论》2004 年第 12 期。

现象”很值得我们深思。个别领导干部在自己即将离退休的时候，想的不是给社会给人民多留点什么，而是更多地考虑自己和家人的后路前途。他们违背了入党之初的誓言，抛弃了几十年的操守，用最后的权力竭力为自己打造退休后的“蜜巢”，为子女积累未来生活的资本。当他们伸出黑手疯狂攫取的时候，或许也曾犹豫过、胆怯过，但“有权不用、过期作废”、“不捞白不捞”的赌徒心态，引诱他们孤注一掷，铤而走险。“世上从来就没有免费的午餐”，拿人民赋予的权力作赌注捞取不义之财的人，到头来不仅会毁掉自己的一生清白乃至身家性命，还可能累及亲友，贻害无穷。

因此，自律不是一时的，而是自始至终都要坚持。我们要把自律作为一种自我修养，并伴以持之以恒的毅力。只有时时鸣响自省之鼓、时刻绷紧律己之弦，真管真严、长管长严，而不是严一阵放一阵、紧一阵松一阵，才能“一辈子管好自己”，做一个纪律面前的自由人。

二、慎独慎初慎微慎欲

1. 慎独

什么是慎独？慎独是指人们在独自活动无人监督的情况下，凭着高度的自觉，按照一定的道德规范行动，而不做任何有违道德信念、做人原则、违反法律的事情。慎独是我国古代儒家创造出来的具有我国民族特色的自我修身方法。它是儒家的一个重要概念，讲究个人道德水平的修养，看重个人品行的操守，是儒家风范的最高境界。

谁是人一生中最难战胜的敌人？人生最大的“敌人”其实就是自己，最难战胜的也是自己。能不能做到慎独，是检验一个人自觉性、自制力和意志力强不强的重要标志。所以作为一个自然人特别是党员领导干部要时刻保持清醒头脑，处处严格要求自己，加强自我规范和约束，切实做到人前人后一个样、八小时内外一个样、有没有监督一个样，做到不仁之事不做、不义之财不取、不正之风不沾、不法之事不干，始终保持共产党人的革命气节和政治本色。

“君子慎其独”是中华民族的传统美德。历史上就有子罕的“不贪为宝”、包公的“不持一砚”、公仪休的“嗜鱼拒鱼”等故事。这些故事都告诉我们，“慎独”是提高个人修养的一种方法和保持廉洁的一种思想境界。回顾我党 90 多年的光辉历程，不难发现，正是老一辈革命家在道德上坚守清白、在精神上追求高尚、在行为上坦荡磊落，保持了“慎独”的思想品格，坚持自省自律、为民务实，党才能始终获得广大人民群众的拥护，取得革命、建设和改革的胜利。在革命之初，共产党人就深知：严格自省自律，不搞特殊，才能赢得群众的支持。中华人民共和国成立后，我们党也常常告诫领导干部要过好思想关、政治关、社会关、亲属关和生活关“五个关口”，在人民群众中树立了良好形象，受到了大家的一致好评。反之，如果“独”处不“慎”，就会滑向犯罪的深渊，诸多事例触目惊心，当令人引以为戒。

“自修之道，莫难于养心；养心之难，又在慎独。”习近平总书记参加十三届全国人大一次会议重庆代表团审议时强调："要管好自己的生活圈、交往圈、娱乐圈，在私底下、无人时、细微处更要如履薄冰、如临深渊，始终不放纵、不越轨、不逾矩，增强拒腐防变的免疫力。"党员领导干部如果自己都管不住自己，别人再怎么管也"无济于事"，因为别人只是"他律"，不可能时时刻刻盯着、看着，一个人的内心只能靠自己去约束，一个人内在的品质也只能靠自己去培养。私底下、无人时、细微处是修炼定力的最好地方，党员干部从小事小节上加强约束、规范自己，勤于检视内心，洗涤灵魂，常拿手电筒照亮自己，常用冷水泼醒自己，常掸心灵灰尘，常清思想垃圾，时常回望初心、检查言行，校准价值坐标，坚守理想信念，守望心中绿洲，守住政治生命。

改革开放 40 年来，我国的经济取得了长足的发展，党员干部面对的诱惑更多了，经受考验的机会也更多了。面对长期执政以及改革开放的考验，共产党员还能不能保持"慎独"的传统美德？"不检束，则心日恣肆"。有一些人在东窗事发后，往往只片面强调"客观"原因，比如体制不健全、不完善，规定不合理、有漏洞，监督不到位、欠有力，环境太复杂、人心太险恶、"无奈被拉下水"等等，殊不知与自己不能坚持用党纪国法约束自己、不能严格自省自律有直接的关系。有时候党纪国法并不能面面俱到，在无人的情况下，某些缺乏"免疫力"的人就会挖空心思钻法律的空子、找制度的漏洞。无数反面典型告诉我们，某些党员干部一旦在无人情况下放松对自我的约束，就必然会消极颓废、丧失斗志、腐化堕落。因此，要做一个真正的共产党员，就要像刘少奇同志提倡的那样，时时刻刻以党性原则严格要求自己，坚守“慎独”的道德底线。

2. 慎初

什么是慎初？慎初就是把住第一次，守住第一关。如果在最开始不谨慎，这个开始就是走下坡路的起点。有时候犯错误往往是有了第一次，然后不加注意便一而再，再而三，接着就一发而不可收，最终自己毁掉了自己。

湖北省监利县原县委书记杜在新在忏悔中说：第一次收两位下属两万元钱，自己“就像一辆汽车，自己只有购置权，可是方向盘握在别人手里，刹车踩在别人脚下，从此这辆车的方向就不在自己的控制之中了”。可见，没能把住第一次，既是沦落的开始，也是将自己陷入万劫不复的终生痛苦的开始。贪官并非一开始就贪，也有不少人在为官之后的较长一段时间内还是能管得住自己的。只因经不住诱惑有了第一次“伸手”，才最终走向犯罪的深渊，正如北宋理学家、教育家程颐说的：“一念之欲不能制，而祸流于滔天。”

在我国的吏治中从来都把廉洁奉公作为为官之本，提倡“吾日三省”，“修以廉洁之德”。《礼记·乐记》中说：“廉以立志。”宋代理学家朱熹要求官员要“律己公廉，执事勤谨”。一般说来，一个人刚开始做官，都还是能“勤廉”守纪的，不然他们怎么会经过层层严格的选拔，最终成为“人上之人”呢？尤其是那些自幼家境贫寒的农家子弟，十年忍饥挨饿，寒窗苦读而学有所成，进入公务员队伍后也依然克勤克俭、小心谨慎，终于有一天昏了头“踏进了泥坑”，命运由此而发生了大逆转。在这方面，教训很多，举一个例子：

河北省国税局原局长李真有着“河北第一秘”的称号，但他却最终在刑车上被注射执行了死刑。新华社记者曾在狱中采访过他，李真说：“弄权、贪财、迷色，起初都因一念之差，而后就是一发不可收拾，最终连后悔都来不及了……恨，只恨自己，恨自己的一念之差。”

一念之差，差在何处，侥幸心理便是其中的一个重要原因。总以为没人看见，没人知道，于是便起了歹心，殊不知你在干，天在看。说没人知道，其实是自欺欺人。

《后汉书·杨震列传》记载了一则杨震“四知”的故事：东汉时，杨震任荆州刺史时发现王密才华出众，便向朝廷举荐他为昌邑县令。不久，杨震调任东莱太守，赴任途中经过昌邑，县令王密亲自到郊外迎接恩师。晚上，王密前去拜会杨震，并带了十斤黄金，想报答恩师的栽培之恩。杨震说：“故人知君，君不知故人，何也？”王密没听明白杨震的责备之意，说：“天黑，无人知晓。”杨震说：“天知，神知，我知，你知，何谓无知？”听了这话，王密大感惭愧。

据史学家考证，杨震一身清廉，自律性极强。平时，他和家人经常吃的是“蔬食”，外出是“步行”，就连他死后，也是“以杂木为棺，布单被裁足盖形”。可见，他把“慎初”一以贯之，持之以恒，坚持到老，“慎初”也最终成就了他的“善终”。

《礼记·中庸》中写道：“莫见乎隐，莫显乎微，故君子慎其独也。”慎独也好，慎初也罢，讲的都是同一个道理，无非是要人们在“没人看见”时不动心、不走神、不伸手、不犯错。

3. 慎微

什么是慎微呢？慎微就是审慎于细微而能见微知著，防微杜渐。世界上任何事物的发展变化，都有一个由小到大、从量变到质变的演变过程。许多走上犯罪道路的人，都是从“一点点”开始蜕变的。“千里之堤，溃于蚁穴”，决不能贪小利，忘大义，以恶小而为之。迈出危险的第一步，就会心存侥幸、习惯性地一步一步走下去，到最后回头一看，已经酿成大错，悔之晚矣。

白居易在离任杭州刺史返乡时，一直为自己曾经做过的一件“小”事而耿耿于怀，经常为这件事感到羞愧。这是一件什么事呢？原来，他在任期间有一次去杭州天竺山游玩，看见两片石头形状奇特，一时兴起就捡回了家，后来离任回到老家总觉得这件事伤了自己的“清白”，写下了这么几句：“三年为刺史，饮冰复食蘖。唯向天竺山，取得两片石。此抵有千金，无乃伤清白。”

他的朋友刘禹锡知道这件事后感觉很奇怪，这是一件不足挂齿的小事情，很多人都会这么做，你又何必把这个放在心上呢？白居易是这么回答的：“一日一钱，千日千钱，绳锯木断，水滴石穿。”虽然一片石头算不了什么，但是每天占一块钱的便宜，一千天下来就是一千块钱，这就好比绳子锯木头，锯的时间长了绳子也可以把木头锯断，水滴在石头上，滴的时间长了水也可以把石头滴穿。刘禹锡听了这话，认同白居易的观点，并且对白居易这种细微之处的自我严格要求行为肃然起敬。

所以说，人要“慎微”。古人说：“不矜细行，终累大德。”又说：“道自微而生，祸自微而成。”不要不在乎细节方面的修养，否则到头来会伤害大节，最终酿成终身遗憾。

4. 慎欲

什么是慎欲？慎欲就是要节制自己的欲望，谨慎地把握好欲望的度。欲是人的一种生理本能。人要生活下去，就会有各种各样的“欲”。但是，凡事总要有个尺度。欲望多了、大了，就要生贪心；欲望过多过大，必然欲壑难填。贪求欲望的人往往被财欲、物欲、色欲、权势欲等等迷住心窍，攫求无已，最终纵欲成灾。古人说：“罪莫大于多欲，欲不除，如蛾扑火，焚身乃止。”欲多则心散，心散则自衰。欲望是脱缰的野马，是决口的洪水，欲望的放纵必然导致堕落和自我毁灭。

因纽特人在严冬季节捕狼的办法值得我们深思。他们将倒插在雪地上的锋利尖刀的刀刃涂上动物鲜血，当狼顺着血腥味找到尖刀时，会兴奋地舔食刀上的冻血。融化的血液散发出强烈的气味，刺激狼猛舔刀刃，以致狼此时根本感觉不到舌头被刀锋划开的疼痛，不知道正在舔食的其实是它们自己的鲜血，直到筋疲力尽倒在雪地上。这种嗜血如狂的贪欲让凶猛的狼顷刻间就送掉了性命。

《韩非子·解老》有句警言：“人有欲则计会乱，计会乱而有欲甚，有欲甚则邪心胜，邪心胜则事经绝，事经绝则祸难生。”意思是说，人有贪欲，计划就会出现错乱；计划出现错乱，贪欲就会严重；贪欲严重，邪心就会占上风；邪心占了上风，办事就会失去原则；办事失去原则，祸患就会产生。

现实生活中，一些为官者走上领导岗位后，放松了自身的政治要求，权欲、钱欲、色欲随之膨胀，对“利己”的事兴味盎然，对“无利”的事百般推诿。有的甚至抱有“有权不用，过期作废；暗中操作，无人知晓；相互攀比，心理失衡；偶尔一次，下不为例”等心态，经不起新的考验，想方设法为自己牟取私利；经不起金钱、美色的诱惑，铤而走险，贪污腐化。最终损害了国家和人民的利益，损害了党性、人格、国格，搬起石头砸了自己的脚。

据《清朝野史大观》记载，道光年间刑部大臣冯志圻酷爱收藏碑帖书画。有一天，一名下属献给他一本宋拓石碑帖，冯志圻立即原封不动退还。有人问他为什么不启封看看，他却说：“封其心眼，断其诱惑，任你物美，眼不见则心不乱，其奈我何？”冯志圻这种防微杜渐，断然将自己的私心杂念扼杀在萌芽状态的做法，值得我们每一位党员干部深思。

领导干部的生活作风和生活情趣，不仅关系到自己的个人形象，而且关系到党在群众中的形象和威信，因而绝不是小事。面对复杂多样的生活方式和价值追求，崇尚什么样的生活情趣，培养什么样的生活作风，反映了为官者的思想境界和道德品行。一个人的欲望变得贪婪了，兴趣变得低俗了，生活变得奢靡了，“下大狱”就是早晚的事。

欲海无边，欲壑难填。党员干部应该树立正确的权力观、地位观、利益观，管住小节、挡住诱惑、耐住寂寞，时时想到“一念之欲不能制，而祸流于滔天”的严重后果，努力做到“不以一己之利为利，而使天下受其利；不以一己之害为害，而使天下释其害”。做到慎欲、节欲、止欲，进而才能经受住“不为名所缚，不为物所累，不为利所惑，不为色所诱”的考验。

为人要清，党员干部为官当廉，要做到“清”与“廉”，就必须从“慎独”“慎初”“慎微”和“慎欲”的功夫做起。

三、不放纵、不越轨、不逾矩

曾经，一张父亲骑车送女儿上学的照片在网上“疯传”。原来，这名骑车男子竟然是芜湖市副市长詹云超。很多网友对此都表示深受感动。有记者联系上詹云超本人，他确认，照片中骑车送女儿上学的人就是他，并说自己几乎每天都骑车送女儿上学，“这是父亲应该做的事”。

这张照片之所以引起网友热议，源于网友们太过惊奇——一位堂堂的厅级干部，怎么就不公车私用地送送女儿上学呢？要知道，在我国，别说厅级干部了，即便是科级干部，都有可能将公车变成私家的交通工具而肆意妄为地使用！不久前，某县一位环保局副局长还公车私用地野炊了一回，这人与人真的就是不一样？

曾经，中国的公车问题非常突出，购买时超编超标配置，使用时公车私用，维修保养费用更是高得离奇，无论是购买、使用还是事后的维修，公车都在吞噬着巨额财政，车轮腐败让民众很是不满。某种程度上讲，公车私用已成为撕裂干群关系的一只无情之手。

可以这样说，副市长骑自行车送女儿上学这样的事，曾经在中国还相当稀缺，稀缺到什么程度？稀缺得它只要一出现，便可立即抓住人们的眼球，个中缘由令人深思。有部分党员干部将公车私用视为一种“特权”，自认为是其在这个领导职位上应有的“享受”；有的将公车私用视为一种权力的象征，进进出出不坐公车，就不能显示其领导地位；有的将公车私用视为一种“小节”，用用公车，无妨大碍。这部分党员干部完全不知道自己已经忘却了立党为公、执政为民的历史使命，忘却了“为民、务实、清廉”的操守，忘却了自己“人民公仆”的身份。

其实，老百姓对部分官员的特权问题特别敏感，凡事只要与特权沾边，就会被无限地扩大效应。但是，芜湖市副市长作为厅级官员，能骑车送女儿上学，这样的照片，这样的场景，让老百姓觉得很亲切，实际上也反映出了老百姓对于官员的期待，期待他们能更加廉洁、更加亲民，更多地表现他们温情的一面。“天地之间有杆秤，那秤砣就是老百姓”。芜湖市副市长詹云超，也许没有什么惊天动地的业绩让人们记住，但他这张朴实的照片会在民众的心中留下深深的印记，他秀出的不是政绩，而是真实的平民生活，真正的公仆本色。

我们经常说共产党人是人民的公仆，那么“人民公仆”一词是怎么来的，有什么含义呢？

“人民公仆”思想是马克思在他的不朽名著《法兰西内战》中首先提出来的。马克思指出：“旧政府权力的纯粹压迫机关应该铲除，而旧政府权力的合理职能应该从妄图驾于社会之上的权力那里夺取过来，交给社会的负责公仆”，“为组织在公社里的人民服务”。1891年，恩格斯在《法兰西内战》的导言中，进一步阐发了马克思的“公仆”思想，强调要“防止国家和国家机关由社会公仆变为社会主宰——这种现象在至今所有国家中都是不可避免的”。列宁在苏俄无产阶级革命和建设中，秉承马克思、恩格斯的“公仆”思想，提出要改善党和国家机关工作，反对官僚主义作风，防止执政党干部变为社会主人。

早在延安，毛泽东在《为人民服务》的演讲中就指出：“我们这个队伍完全是为着解放人民的，是彻底地为人民的利益工作的。”在《论联合政府》一文中，毛泽东指出：“全心全意地为人民服务，一刻也不脱离群众；一切从人民的利益出发，而不是从个人或小集团的利益出发；向人民负责和向党的领导机关负责的一致性；这些就是我们的出发点。”在《一九四五年的任务》一文中毛泽东强调：“我们一切工作干部，不论职位高低，都是人民的勤务员，我们所做的一切，都是为人民服务，我们有些什么不好的东西舍不得丢掉呢？”从此，一个新时代公仆文化形成。“为人民服务”唱响了中国，影响着世界。

在二十世纪三四十年代，无数革命志士视中国的“红色之都”——延安为自己心目中的“圣地”。直到现在，延安还吸引着全国各地干部群众纷纷来此参观学习。中国共产党在延安时期的13年，是艰难困苦、玉汝于成的13年，血与火的考验锤炼出共产党干部艰苦朴素、一身正气，毫不利己、专门利人，忠于职守、克己奉公的优良作风，这种作风和形象穿越时空界限，今天仍然在无声地告诫各级党员干部——要传承党的优良作风，把为人民服务的事业进行到底。

朱德曾经说：在延安，“只见公仆不见官”。这，就是对延安时期干部队伍的真实写照。走在当年延安的街巷，时常可以看到毛泽东等中央领导同志与当地农民并肩而行，无拘无束地聊天谈心；周恩来同志亲自到三五九旅家属驻地，召开孩子妈妈座谈会；朱德总司令在“抗大”经常聚集青年人席地而坐，与大家探讨问题，关心他们的生活困难。在延安，干部与群众打成一片，官民平等的原则随处得到体现；各种革命者之间，毫无例外，都是情同手足，以平等待人，互帮互助，教学相长的同志关系，没有上下级的隔膜与能上不能下的风气。1940年，爱国华侨领袖、工商业巨子陈嘉庚先生访问延安，共产党干部公正、民主、廉洁、亲民的作风给他留下了深刻的印象，使他由衷感慨：“中国的希望在延安”①。

不把自己当作特权阶层，一心为民，大公无私，延安时期的党员干部以自己的行动诠释了“人民公仆”一词的真正内涵。在延安召开的党的七大把“为人民服务”写入党章，强调党除了人民大众利益，没有自己的特殊利益。“党的干部是党的事业的骨干，是人民的公仆”。

曾经，共产党是当时世界上公认的最廉洁的政党，就连毛泽东的政治死敌蒋介石也不得不佩服。近年解密的蒋介石日记中，有关反思在大陆失败的原因这样写道：“感知国军失败，不是因为外敌，而是因为内乱。”他还在日记中细数共产党七大优点，并将“干部不准有私产”作为特别标注。共产党执政后，相继开展了“三反”“五反”“反五风”、整党、整风等运动，虽然有些运动到后期出现了扩大化，但对领导干部形成了强有力的监督，“夹着尾巴做人”成为那个时代领导干部的真实写照。尤其是贪污腐化就身败名裂，如果哪个干部有生活作风问题，就足以一辈子抬不起头。20世纪60年代有位县长，夏天

---

① 尤健：《把群众放心坎上 做人民的好公仆》，载《群众》2011年第7期。

骑自行车下乡，带了瓶汽水，就被大队干部数落了一顿，说不与群众打成一片。为此这位县长还在常委会上作自我批评，并受到了党内警告处分。

斗转星移，中国共产党已由延安时期的革命党转变为执政党，历史经验启示我们，党的作风建设必须与不同阶段党的中心任务紧密相连。

邓小平同志在党的第八次全国代表大会上所作的《关于修改党的章程的报告》中指出：工人阶级的政党不是把人民群众当作自己的工具，而是自觉地认定自己是人民群众在特定的历史时期为完成特定的历史任务的一种工具。党是人民的工具、干部是人民的公仆，这是对马克思主义政党及其干部本质特征所作出的科学概括，也是区别于任何剥削阶级政党及其政府官员的根本标志。如果党和国家的干部脱离了群众，由人民的公仆变成人民的主人，我们就完全可以说，他们已经走到人民群众的对立面，本质上已经不是共产党人了，已经蜕化变质了。

由人民公仆蜕变为人民主人，是苏共失败的历史教训。

苏共在社会主义革命和建设的初期，也曾与人民群众打成一片、同甘共苦。例如，1918 年，战争与饥荒同时袭向苏维埃俄国，国家粮食人民委员瞿鲁巴四处奔波寻找粮食，以供应前线和城市居民的最低需要，而他自己却因饥饿而晕倒在人民委员会的会议桌前。然而，由于种种原因，在长期执政过程中，苏共党员干部逐渐沉醉于权力带来的乐趣之中，享受着普通群众难以享受到的各种特权，把自己和人民群众隔离开来，由人民公仆蜕变为人民主人。法国著名作家罗曼·罗兰访问莫斯科时发现，高尔基（时任苏联作家协会主席）已被当作贵族供养起来。在金碧辉煌的别墅里，为高尔基服务的有四五十人之多，他家里每天有亲朋食客数十人。戈尔巴乔夫上台后，腐败和特权现象更为严重，他本人对享受特权也是心安理得。戈尔巴乔夫推动的所谓“改革”，更是成为苏联特权阶层演变为新生资产阶级的催化剂。当苏共和国家处于生死存亡的危急关头，这一特权阶层为了保住自己的特殊利益，公开推动放弃社会主义、走全盘私有化的资本主义的道路。这样一来，人民群众对党和政府日益失望，苏共逐渐失去了自身安身立命的根本。可以说，苏共垮台的历史，就是苏共一步步由人民公仆蜕变为人民主人，最后被人民所抛弃的历史。

习近平总书记曾多次强调：“我们是党的干部，是人民的公仆，思想境界应该比封建士大夫高得多，一定要把群众的安危冷暖挂在心上，以‘天下事必作于细’的态度，抓实做细事关群众切身利益的每项工作，努力办实每件事，赢得万人心。”可以说，公仆意识是共产党人精神上的重要“钙质”。党员干部不断增强公仆意识，始终牢记宗旨意识，这不仅反映了广大人民群众的迫切愿望，更是共产党执政规律的客观要求。

1. 要心中有民

人民群众是历史的创造者，是社会变革的决定性力量。我们党在艰难困苦的革命岁月中形成了自己对群众的立场和态度，正如刘少奇同志所概括的：“一切为了人民群众的观点，一切向人民群众负责的观点，相信群众自己解放自己的观点，向人民群众学习的观点，这一切，就是我们的群众观点，就是人民群众的先进部队对人民群众的观点。”党是实现人民利益的工具，工人阶级的政党不是把人民群众当成自己的工具，而是自觉地把自己看成是人民群众在特定的历史时期为了完成特定的历史任务的一种工具。而党的干部是人民的公仆，党员干部必须始终坚持马克思主义的唯物史观，牢固树立党的群众观点，摆正自己同人民群众的位置，端正对人民群众的态度，切实把自己看成群众的普通一员，不是乐于当官老爷，而是甘当人民的勤务员。党员干部只有始终如一地以为人民服务这一宗旨为思想的标杆，也只有始终如一地以这一宗旨为行动的指南，常怀爱民之心，常怀公仆之情，心中有人民，眼里有群众，始终克己奉公，保持公仆本色，才能真正得民心、顺民意，我们的工作才有取之不尽的力量源泉，我们的事业才能无往而不胜。

2. 要用权爱民

秉公用权、廉洁从政，是党的光荣传统和优良作风，也是对党员干部的基本要求。古人认为，国家之权乃是“神器”，是个神圣的东西，非“凡夫俗子”所能用。为官用权，若能正确理解“权力是个神圣的东西”，无疑是国家之幸，群众之福。党员干部务必珍惜权力、管好权力、慎用权力。要清楚其公仆性，作为公仆，手中的权力来自于群众，应当倍加珍惜。不可否认，在我们的队伍当中，确实有那么一些人，贪心膨胀，欲壑难满，以权谋私，损公肥己，飞扬跋扈，弄权自傲，他们从不注重道德的修养，从不关心品质的历练，共产党人的本色没了，领导干部的情操没了，最后是身陷囹圄，悔不当初，正所谓多行不义必自毙。党员干部要常思贪欲之害，常怀律己之心，自重、自省、自警、自励。不为私心所欲，不为名利所累，不为物欲所惑，时刻警惕权力、金钱、美色的诱惑，防止手中的权力商品化、庸俗化，不触及底线、不触摸红线、不触动高压线，坚持原则不动摇，为民服务不松劲，做到身有所正，言有所归，行有所止。

3. 要勤政为民

“公仆公仆，一要为公，不能有私心；二要为仆，不能有官气。公仆对人民负责，天经地义。”勤政为民是为官之要，是党员干部的立身之本。事业是干出来的，为人民服务不是一句空话。党员干部要自觉担当公仆责任，让公权服务人民，做公仆精神最忠实的践行者。一名党员干部，无论在一个地方任职时间长短，关键是要有只争朝夕的精神，真正让这个地方有发展、有变化，不能几年下来山河依旧、面貌没改，那就愧对党、愧对百姓。当前，改革处在攻坚阶段，发展处在关键时期，党员干部要有责任意识和担当精神，以强烈的事业心和责任感，攻坚克难化解社会问题，激流勇进突破发展瓶颈，不畏艰险推动改革大业，面对大是大非敢于亮剑，面对矛盾敢于迎难而上，面对危机敢于挺身而出，面对失误敢于承担责任，面对歪风邪气敢于坚决斗争。

习近平主席曾经在索契接受俄罗斯电视台专访时说：“作为国家领导人，人民把我放在这样的工作岗位上，我就要始终把人民放在心中最高的位置，牢记责任重于泰山，时刻把人民群众的安危冷暖放在心上，兢兢业业，夙夜在公，始终与人民心心相印、与人民同甘共苦、与人民团结奋斗。”习近平总书记的这段话，就是对“公仆”二字的最好诠释。

第八章

筑起两道防线：既要搭得高，也要守得住

Chapter 8

习近平总书记在中国政法大学考察时指出：“中国特色社会主义法治道路的一个鲜明特点，就是坚持依法治国和以德治国相结合，强调法治和德治两手抓、两手都要硬。”这说明，在政德建设中，既要重视发挥法律的规范作用，又要重视发挥道德的教化作用，让法治和德治相互补充、相互促进、相得益彰。

一、法治与德治并举，重视道德教化

所谓“法安天下，德润人心”。道德控制是法治的内在动力。法治的重点是人的外在行为，德治的重点是人的内心世界。陶行知先生说过，真教育是心心相印的活动，唯独从心里发出来的，才能打动心的深处。

孔子曰：“道之以政，齐之以刑，民免而无耻；道之以德，齐之以礼，有耻且格。”孔子认为对被统治的劳动者应实行德政。德政包括两个相互联系的方面，即经济上实行惠民政策，政治上对民宽刑罚重教化。经济上惠民，使民“足食”。主张“因民之所利而利之”，反对统治者无节制地剥削人民。政治上宽民，即反对实行“不教而杀”的纯刑罚的苛政，认为德化礼教能禁止犯罪于未萌，比行政命令和法律制度更具有效力。

1. 加强思想道德建设，是确保党的纯洁性、永葆党的先进性的迫切需求

每一名共产党员，只有模范践行社会主义基本道德规范，重视道

德的教化作用，才能永葆共产党员的先进性。

百行德为首，百业德为先。道德无论是对社会而言，还是对个人而言，都具有十分重要的作用。中国共产党一贯高度重视党员特别是领导干部的道德修养。领导干部是党执政为民的骨干力量。强调领导干部注重品德修养、具有道德感召力，有很强的现实针对性。这不仅是领导干部讲党性、重品行、作表率的重要内容，也是我们党永葆先进性、提高执政能力的迫切需要。

党员干部具有道德感召力，才能化解矛盾、促进和谐。党员干部是党的各项方针政策的传播者和执行者，必须主动到群众中去，实实在在与群众打交道，想群众之所想，急群众之所急。曾任浙江省军区副政委兼金华军分区政委的范匡夫曾经说过，用好一个人，激励一大批；用错一个人，挫伤众人心。老百姓心里有杆秤、有把尺，既称量世事，也衡量人品。干部的品行谁高谁低、孰优孰劣，群众心似明镜。有道德感召力的党员干部，才能一片赤诚，深深地感动和影响一方百姓。

两度奔赴雪域高原，不畏严酷的自然环境，为藏族同胞呕心沥血谋福祉，一腔热血都倾注在高原上，孔繁森用鲜血和生命谱写了一曲具有时代精神的奋斗之歌、创业之歌、奉献之歌。

两次进藏，历时十载。在党的召唤面前，在人生的选择中，他的精神境界一次次得到升华。领导同志征求孔繁森调动工作的意见时，他坚决而干脆地回答："我是党的干部，服从组织安排。"面对每一次的工作调动，他都把党和人民的需要作为自己的唯一选择。

为了寻找阿里的发展优势，全地区 106 个乡，他跑了 98 个，雪域高原上留下了他的深深足迹。阿里地广人稀，外出时常常一天也看不到一个人影。饿了，他们就吃口风干的牛羊肉，渴了就喝口山上流下来的雪水。旅途虽然艰苦，但孔繁森却风趣地对随行的同志说："高原上的水绝对没有污染，是世界上最优质的矿泉水，等开发出来得用美元来买呢！"他那乐观的情绪，常常感染着周围的同志。

阿里地区生活条件极端恶劣，这对所有援藏干部的身体和精神都是极大的考验。孔繁森用自己的工作态度和实际行动做出了表率，他坚韧、务实、无私、亲民的形象深深打动了每一位干部群众的心，在他眼里，老百姓的事比天大。

人们在料理孔繁森的后事时，看到两件令人心碎的遗物：一是他仅有的钱款——8.6 元；二是他的"绝笔"——去世前 4 天写的关于发展阿里经济的 12 条建议。

这就是一个共产党员的高尚情怀！"冰山愈冷情愈热，耿耿忠心照雪山。"正如孔繁森在一首诗中所写，他把自己一颗火热的心献给了西藏高原，献给了党的事业。他始终在努力实践着自己最喜爱的那句名言："一个共产党员爱的最高境界是爱人民。"

被广大人民群众赞誉为"任青天""女包公"的任长霞，把生命最壮丽的一刻留在了嵩岳大地，用自己的一腔热血捍卫了一方平安，用自己的模范行动树起了百姓心中之碑。

为什么一个登封市公安局局长的牺牲就有 14 万人自发地送行？为什么她的名字响彻中原还震撼神州？为什么农民、出租车司机、大学生、教授、省委书记无不为她的事迹所感动？

她时刻牢记共产党员和人民警察的神圣职责，面对邪恶势力无私无畏，用鲜血和生命维护人民利益。上任伊始，她就深入调查、了解民生疾苦，组织力量打掉作恶多端的黑帮团伙，其凛然正气令犯罪分子闻风丧胆，为人民群众筑起一道挡风的墙。

她始终怀着对人民群众深厚的感情。群众说“她真是好干部，从来不受贿也不收礼，再困难的老百姓人家也接见，你看多少困难户人家都管，谁家的孩子困难了人家都管，学生上学有了困难她还管，她不是光管公安局的事，啥事都管”。

她犹如一道温暖的阳光，始终照亮身边的人。在父母的眼里，她是一个孝顺的女儿；在丈夫看来，她是一个温柔体贴的妻子；在儿子的记忆中，她是一位慈爱的母亲；在同事的评价中，她是一个体恤下情尽职尽责的领导者。她无私无畏、勤勉敬业、乐于奉献和舍小家顾大家的革命精神深刻地影响着身边人，这种精神力量让同事、让群众折服。

2. 讲道德是保持共产党员先进性和纯洁性的必然要求

党员干部要把“为民、务实、清廉”作为立党为公、执政为民的核心价值观，因为它是社会主义核心价值观最直接、最生动的体现。要把群众路线作为生命线和根本工作路线，把反对“四风”作为切入点和试金石，牢记宗旨、坚定信念、勤政务实、开拓创新，一身正气、两袖清风，心中装着群众、时刻关注民生，真正做到“情为民所系、权为民所用、利为民所谋”，以清新的党风带动政风、民风，以规范的言行和良好的形象引领社会风尚。

“两任村官沥血呕心带领一方求发展，六载离家鞠躬尽瘁引导万民奔小康”。这幅挽联将沈浩六年的呕心沥血定格在小岗，深深刻画出他四十五岁最后六年的璀璨人生。2009 年 11 月 6 日凌晨，一个极其平常的日子，一名普通的村干部悄然离世。得知这位名叫沈浩的安徽省滁州市凤阳县小岗村党委第一书记去世的消息，时任中共中央总书记的胡锦涛在批示中，对沈浩的去世表示沉痛悼念，对沈浩的亲属和小岗村村民表示亲切慰问。一名最基层的农村干部，为什么得到总书记如此的关注？一个省财政厅的选派干部，一个小岗村的党委书记，一个执政为民不徇私情的好领导。这是沈浩，一个复杂而纯粹的人。他用生命践行了一个共产党人的庄严承诺。信念如山，真情不改，“红手印”印证了他对党和人民的忠诚！

黄久生，中共党员，中建七局一公司项目部经理、河南省潢川县双柳树镇驻郑州农民工党支部书记。黄久生是 700 位鳏寡孤独老人们共同的儿子。那些得到他照顾的老人们，一提起他的名字，都会眼含热泪。他给老人们带来的温暖不仅仅来自物质，更来自他那颗滚烫的赤子之心！1996 年起，每逢年节，家乡的孤寡老人和五保、特困、伤残老人都会收到黄久生送来的衣被、米面、肉油还有现金。2015 年，黄久生投资 45 万元在家乡双柳树镇建设了一所敬老院。入院的孤寡老人，除国家发给的补贴外，其他费用全部由他个人承担，包括养老送终。黄久生不遗余力地支持家乡建设，先后为援建家乡小学、修路、购置医疗设备等捐款 310 多万元。在 2008 年“5·12”汶川抗震救灾中，他个人先后捐款 12 万元。在郑州打工多年的黄久生，看到老家来郑打工的人虽多，但比较分散，作为弱势群体的农民工，工资被拖欠等权益被侵害的事时有发生。在黄久生的推荐下，“中共双柳树镇驻郑州农民工党支部”成立，他被任命为党支部书记，散居在郑州市的56名农民工党员有了“娘家”。

衡量党员干部是否真正践行了社会主义核心价值观，最关键的一条就是看他是否把实现好、维护好和发展好最广大人民群众的根本利益作为想问题、办事情的出发点和落脚点。要诚心诚意为人民群众谋利益，坚持同人民群众同甘共苦，切实做到权为民所用、情为民所系、利为民所谋。决不做损害人民群众利益的事，竭尽全力当好人民的公仆。

3.“官气正则民风清”

党员的思想境界、道德情操、行为修养直接影响着一个单位风气的形成，是社会行为的风向标。人民群众对党员干部不仅听其言，更要观其行。从一定意义上说，党员干部的“德行”引导着民风，甚至决定着民风。因此，广大党员干部不仅要在思想上重视，更要身体力行弘扬社会主义核心价值观，做到知行合一，努力做明荣辱、扬正气的楷模。

弘扬道德正能量，需要激发共产党人对道德文化的认同。人类文明史沉淀下来的精神核心是人类道德，民族文化所体现的精神核心也是民族道德。崇尚道德是中华民族的优良传统。在新形势下，共产党员要在传承美德中不断加强道德修养，在深刻领悟中提升共产党员道德认识，树立文化自信。

道德是人的立身之本。中华民族历来以礼仪之邦、尊崇道德著称于世。《世说新语》中讲到“百行以德为首”。《道德经》提出“上善若水”“少私寡欲”等人性品质。秦汉时期的《孝经》《礼记》等，奠定了古代道德理论基础。之后，“仁义礼智信”成为人们的道德行为准则。无数仁人志士和英雄事迹，积淀了中华民族道德修养的丰富底蕴，形成了浓厚的道德文化。

高尚的道德是共产党人的精神支柱。回顾党的历史，崇高的理想和高尚的道德情操始终是共产党人的精神支柱。

“当年冒着生命危险传递情报，顶着枪林弹雨参加支前运输，远离家乡挺进西南……参加共产党，就是想让老百姓过上好日子！”2017年11月5日，重庆巴南区95岁老党员国存海在宣讲十九大精神时，深情感慨道。战争年代作为共产党人的革命初心，到如今为实现中华民族伟大复兴的中国梦而前赴后继，以后要继续跟着共产党，不忘初心，继续前行。国老1938年开始为地下党传递情报，1945年正式入党。中华人民共和国成立后，他南下来到重庆，在巴南工作直至离休。之后他还发挥余热担起了巴南老体协的工作。“只要我还能动，就要为党做些事情。”这是他的铮铮誓言。

辽宁鞍钢集团有一位普通工人，他只是铁矿管理人员，妻子是医院高级护士，本来家庭生活并不困难，但为了帮助别人，全家人过着清贫的生活。他就是郭明义——追求纯粹，做好事不求人知，矢志不渝地追求真善美。他坚信奉献使人快乐、助人使人幸福，数十年如一日地用自己的博大爱心、满腔热血铸就了人间大爱，被誉为“爱心使者”“雷锋传人”。

他说道：“作为一名工人，我只是完成了本职工作；作为一名共产党员，我只是履行了在党旗下的誓言。”他就是毛泽东同志所说的那类“一个高尚的人，一个纯粹的人，一个有道德的人，一个脱离了低级趣味的人，一个有益于人民的人”。从他身上，人们看到了一个活着的雷锋，一个叫得响、信得过、靠得住的共产党员。

当前我国进入改革发展的关键时期，思想观念深刻变化。西方国家对我国的西化，资本主义的极端个人主义、拜金主义、享乐主义等道德观念的传播，导致共产党员的价值观念受到严重冲击，不具有强制性的道德约束更显弱化。由此引发了人们的道德危机，部分党员在道德价值取向上产生矛盾困惑，甚至产生道德沦丧。共产党员道德建设面临严峻的考验。

讲道德是共产党人加强道德修养的必修课。加强党员道德修养，把思想意识和道德要求内化为自觉意志和信念，在品格内化中夯实共产党员的道德根基，深化道德认同。

4. 为人民服务是全党所认同的社会文明和道德准则

“为人民服务”是在实践共产主义理想过程中产生的人类新思想，它以科学的方式改变着人类“自私”的基因，闪耀着共产主义理想之光芒，为人类追求的真善美创造了现实可能。这是中国人民的领袖毛泽东为全人类文明和道德进步做出的伟大贡献，是中国共产党和中华民族为人类用实践论证过的最先进文明和最高尚道德坐标。

共产党员要自觉弘扬美德，争做道德榜样。要明确做人、做事的标准，牢记党的宗旨，提高思想道德素质，从而自觉做到自重、自省、自警、自励，自觉构筑拒腐防变的思想道德防线，以自己的模范行动塑造在群众中的良好形象。

在我们党将近百年的奋斗历程中，涌现出了一大批道德楷模，他们是我们党的队伍中一面面鲜明的道德旗帜，在不同的历史时期感召、鼓舞和引领着无数共产党人以道德的力量去战胜困难，赢得人心，取得辉煌成就。

来自贵州省中八劳教所的纪委监察室主任白凯，因为一句诺言而坚守数十年，这样诚实守信是社会上温暖人心的一道光芒，是人间温情的所在，是多少人学习的榜样。

1978 年 1 月，白凯为保家卫国报名入伍，集训不到一个月战友唐志首先接到了上前线的通知。分别的那天，白凯与唐志相互承诺“今后，我们不管是谁活着走下战场，都要时常去看望对方父母……”战场上唐志英勇牺牲，白凯活着走下战场。1979 年当他复员回到中八，在家休息片刻之后便赶往唐志的家中看望老人。为使唐志父母享受到天伦之乐，他一有空就带着家人或邀约其他战友一起到唐志家看望老人，帮忙做家务。每逢节假日，他更要到“唐妈妈”家陪伴老人，和老人聊聊天，并下厨做饭，尽量让老人开心、快乐，履行“儿子”的义务，而这一做便是 20 年。2003 年，“唐爸爸”去世时，他和他的战友忙前走后，全部操办。他担心“唐妈妈”一个人孤独，便坚持接“唐妈妈”和自己一起住。但“唐妈妈”认为，他过去负过伤，身体不是很好，现在她还能照顾自己，不忍心给他添麻烦。他尊重了“唐妈妈”的选择，但他始终坚守自己的诺言，一如既往地倾尽“儿子”的义务，一直照顾着“唐妈妈”。

领导干部具有道德感召力，才能彰显道德力量、树立新风正气。官风影响民风。官风正就能涤荡歪风邪气，否则就会加剧社会的道德败坏。当前涌现出大批清正廉洁的时代先锋和人民公仆，为广大群众树立了道德的标杆和学习的榜样。加强官德修养，引导各级干部培育高尚道德情操和健康生活情趣，可以形成强大示范效应，引领全社会思想道德的进步和提升。

二、巧借法、德力量，用好法、德功能

坚持依法治国和以德治国相结合，是中国特色社会主义法治道路的一个鲜明特点。以德治国是走中国特色社会主义法治道路的题中应有之义，依法治国和以德治国相互补充、相互促进、相得益彰，不能将二者割裂开来。

1. 坚持法治，要注重发挥法律的规范作用

"法者，治之端也。"依法治国是党领导人民治理国家的基本方略。习近平总书记在参加十三届全国人大一次会议重庆代表团审议时强调："要坚持法治、反对人治，对宪法法律始终保持敬畏之心，带头在宪法法律范围内活动，严格依照法定权限、规则、程序行使权力、履行职责，做到心中高悬法纪明镜、手中紧握法纪戒尺，知晓为官做事尺度。"

孔子重教化，轻刑罚，但他并不否认刑罚的强制作用，他视德与

刑都能为政治服务，且两手都要重视。“宽以济猛，猛以济宽，政是以和”，他认为政治宽厚百姓就会怠慢，怠慢了就要用严厉来纠正；政治严厉百姓就会受伤残，伤残了就要用宽厚的政策补救。因此德与刑可以互为补充，发挥效应。孔子基于“性相近，习相远”的人性论，认为犯罪可以通过德化和礼教来预防，罪犯可以通过仁德和礼义来教化，反对不教而杀，视道德教化为消灭犯罪的有效手段。

孟子说：“不以规矩，不能成方圆。”当社会发展由原始社会过渡到奴隶社会的时候，生产资料有了剩余，于是产生了私有制。人与人之间，集体与集体之间，自然会产生千丝万缕的联系，也会产生千丝万缕的矛盾。要让人与人之间，集体与集体之间，能够和谐相处，共同发展，共同进步，必须在他们之间建立一种能够共同遵守，相互制约的规矩。而这种规矩，也就是后来逐渐形成的法令制度。正如亚里士多德所说的那样：“法律就是秩序，有良好的法律才有良好的秩序。”

除了这些有关法治与德治的思想，在古代也有许多将二者相结合来治理国家的成功案例。比如唐代先后出现了贞观之治、开元盛世、元和中兴，其成功的治国经验是多方面的，而以法治国与其他治国方略相结合的施行，成为主要原因。在唐代，基本遵循的是以德治为主、以法治为辅的原则。其立法思想及刑罚体系是在唐高祖和唐太宗时确立的。

1954 年我国颁布了《中华人民共和国宪法》。1999 年的《中华人民共和国宪法修正案》中规定：“中华人民共和国实行依法治国，建设社会主义法治国家。”这是在宪法中明确提出建设社会主义法治。中国共产党是社会主义法治建设的领导者、组织者、实践者。社会主义国家的法律是广大人民群众意志的体现，法律具有高于一切的决定性作用。经过多年全民法制宣传教育，党员干部自觉学法用法的意识大大增强。但不可否认的是，以权压法、人治大于法治的旧习在一些人的言行中仍有所体现。

从“谁耽误嘉禾发展一阵子，就让他难受一辈子”的雷人口号，到“没有强拆就没有发展”的强制、暴力拆迁事件；从用“红头文件”否决生效的司法裁定，到“什么法不法，老子就是法”的强硬态度，一些党员干部的表现，与依法治国的理念大相径庭。

是这些领导干部不懂法吗？当然不是！正是因为他们缺乏对法律的尊重和敬畏，面对法纪存在侥幸心理，凌驾于法律之上，才做出一系列违法乱纪的行为。

2. 思想是行动的先导，增强法治的自觉性，必须切实增强共产党人的法治观念

“法律不能使人人平等，但法律面前却人人平等。”这是法治的精髓。

正人先正己，打铁自身硬。共产党人要树立和维护社会主义法律权威。通过学习法律知识、掌握法律方法、参与法律实践等途径，在日常生活中逐渐养成从法律的角度思考、分析、解决法律问题的思维习惯。努力树立法律信仰。一个人只有从内心深处真正认同、信任和信仰法律，才会自觉维护法律的权威。通过学习法律知识，深入理解法律在现代社会中的重要作用，深刻把握我国社会主义法律的精神，从而树立起对我国社会主义法律的信仰。积极宣传社会主义法治观念，帮助人们彻底根除“权大于法”“要人治不要法治”等封建残余思想，宣传我国社会主义法律的优越性，从而推动全社会形成尊重和维护社会主义法律权威的良好风尚。

“天下之事，不难于立法，而难于法之必行。”十八届四中全会为全面推进依法治国绘制好了蓝图，但再好的法律法规，如果不去执行或运用不当也只能是一纸空文。习近平总书记在中央党校省部级主要领导干部学习贯彻十八届四中全会精神全面推进依法治国专题研讨班开班式上强调，全面推进依法治国必须抓住领导干部这个“关键少数”。

鞠躬尽瘁，死而后已。“燃灯者”邹碧华以自己无比鲜亮的职业生涯和崇高品行，将司法的光亮投向社会，为全社会法治理念的养成提供了宝贵的精神指引。他曾说：“人的一生，都有一个需要坚守的价值。理想的完美人格，应当是破除自我，将自己融入到人民中，融入到祖国的法治中。无我，党的事业不朽，如是我心。”

“他是一个标尺，他让更多人知道，法官不是‘官’，是社会公平正义的守护者。”

“他是一个活在身边的理想。他告诉你，你可以从一般到优秀，从优秀到卓越，只要你足够努力，足够坚持。”一位法官感慨。邹碧华是“燃灯者”，也是“传道人”。这个道，是法治的思想，也是人生的理念，是为人做事的准则。

“因为邹碧华，人们真正看到了整个法律界的共同价值观。”《民主与法制》杂志社总编辑刘桂明如是缅怀。

“他是一位怀有公正为民法治精神的优秀法官。锐意进取，勇于担当，具有较高的法律素养，敢于碰硬，他的身上有着鲜明的现代法治意识，这是现代法官应当具备的素养。”上海市委政法委书记姜平说。

“这样的法官百姓需要、法治建设需要。”这是社会对邹碧华的高度评价，更是老百姓的真实呼声。邹碧华是全面依法治国的伟大征程中涌现出来的先进典型，他坚定的理想信念、法治精神、勇于创新、务实担当、干事创业的拼搏精神都诠释了新时期党员干部的底色。“邹碧华现象”的背后有着深厚的民意基础，是人民群众对党的十八大以来全面推进依法治国，进一步深化司法体制改革的高度认同、高度期待，“邹碧华现象”折射出的是共同的“法治梦”。

3. 要带头提高法律素养，树立法律思维

什么叫法律思维？就是你不仅知道它怎么规定，还清晰全面地知道它为什么这么规定；就是你不是机械地套用法条，而是眼光要在事实和法律间游回，从一般社会观念的视角作出公正判断。如果你眼里只有法条，只有具体规定，形成不了法律思维。

去电影院看《老炮儿》，有这么一个情节：六爷找话匣子借钱，将房产证从窗户扔进去给话匣子做抵押。观众席有人拍手称赞“真男人”“够爷们”，身边朋友却很不屑：“《物权法》第 9 条，不动产物权的设立、变更、转让和消灭，未经登记，不发生效力……”临座狠狠白了他一眼。你看，这就是法律思维。最关键的，是有没有“要件”意识。普通人看一个案子，往往看的就是“谁对谁错”，而深谙法律的人是看要件的。

所谓法律思维方式，是指按照法律的规定、原理和精神，思考、分析、解决法律问题的习惯与取向。在通常情况下，法律问题往往还包含着政治、经济或道德问题，可以从政治的、经济的、道德的角度来思考和处理，但一旦这些问题被纳入法律调整的范围，就应当按照法律的规定、原理和精神来思考与处理。

4. 德治是法治的基础

以德治国就是要积极建立适应社会主义市场经济发展的社会主义思想道德体系，并使之成为全体人民普遍认同和自觉遵守的规范。道德先于法律而产生，其覆盖面又广于法律。道德在人类社会中可以说是无处不在、无时不有，其他一切社会规范莫不受道德规范的制约。全面落实依法治国基本方略，必须以以德治国为基础。

依法治国所依据的法，必须是反映人民意愿和社会发展客观规律的法，是合乎理性、正义、公平观念的法。要制定这样的法律，必须以正确的思想道德观念为指导，充分考虑道德因素和道德标准，并把一些中华民族传统美德写入法律，形成约束力。我国的宪法中将许多道德利益规定为公民的基本权利，为其他部门法立法中对道德体现奠定了宪法基础。

公正执法是法治最重要的内容。社会关系是复杂多变的，而法律具有一定的滞后性和僵硬性，且不可避免地具有一定的模糊性。因此，能否公正、准确地把握立法宗旨，恰当地运用好这些权力，公正执法，就取决于执法者的素质，取决于执法主体的道德能力，如果执法者的素质低，滥用权力，就会出现执法不公的情况。

交通警察作为维护道路交通秩序、预防交通事故的专门力量，依法执罚、见违必究是其公正执法的必然要求。然而民众经常反映有相当一部分民警在交通管理过程中纠生不纠熟，纠外地的不纠当地的，纠违法后果严重的不纠后果轻微的，纠个人的不纠公车，一旦涉及罚款往往是最高限额等不公正执法现象。这些交警的行为不仅仅是执法不公引民众抱怨，同时也体现了他们个人的品行素质不高，给民主法治建设带来了消极影响。

大多数人对法律的认同和信仰，是法律存在的基础。外在的法律规范必须转化为大多数人的内心自觉。当大多数人对某一法律不屑一顾时，该法律就会成为一纸空文。在正常社会里，道德水准的高低与守法自觉性的强弱成正比。

道德是法律的基础，法律承载着社会的价值理想和道德追求。一些道德规范可以凝结为法律约束，一些法律规范可以转化为道德要求。它们在功能上互相促进，互相依靠。“徒善不足以为政，徒法不能以自行。”法律的实施要靠道德的依托，只有那些合乎道德、具有深厚道德基础的法律才能为更多人所自觉遵行。法律对道德的实践又具有强大的支撑和保障作用，可以通过强制性规范人们的行为、惩罚违法行为来引领道德风尚。

清代嘉庆年间发生过这样一件事，一名女子由于防贼而误杀了丈夫，刑部复核死刑，但是嘉庆皇帝迟迟不批，就是因为考虑到这位女子捍卫尊严、其事可悯。法是底线当然不可逾越，但从中也能看出，德能影响人心。这告诉我们在国家治理中应当释放道德的正能量。

5. 要切实加强社会主义道德建设

发挥道德的教化作用，就是以其说服力和劝导力提高社会成员的思想道德觉悟，用道德的引导来规范人们的行为和调节社会关系。

在社会主义社会，依法治国和以德治国可以形成强大合力，释放强大正能量。习近平总书记在十八届中共中央政治局第三十七次集体学习中指出：“法律是成文的道德，道德是内心的法律。法律和道德都具有规范社会行为、调节社会关系、维护社会秩序的作用，在国家治理中都有其地位和功能。”道德重在化民、教民，有道德的人会自觉尊法守法。个人主义者或利己主义者容易突破道德底线做违法的事，但有个人主义或利己主义思想并不违法。法律要论迹，提供犯罪事实；道德要论心，提倡慎独慎微。我们应当用道德教化民众，用法律厘定罪与非罪的界限。在国家治理中，法律是准绳，任何时候都必须遵循；道德是基石，任何时候都不可忽视。只有这样，才能把道德与法律两方面的力量结合起来。

令计划等人的落马，给我们带来十足的警醒。令狐野老先生对自己、对国家的前景充满期待，因此为子女起名为：方针、政策、路线、计划、完成。子女们也确实事业有成，有所作为。然而他们虽然位高权重，可是他们法根不深、德魂不固，在私欲面前栽了跟头。

加强党员思想作风建设，必须坚持法治和德治并举，这样才能筑牢思想道德和党规法纪两道防线。要坚持教育感化和依法惩处相结合，坚持法律至上和以人为本相结合，着力实现德治法治互促互补。

三、严格自律，接受他律

自律是自我约束，主要靠道德约束和个人修养；他律是接受他人约束，主要依靠法律法规的强制和各种形式的监督。习近平总书记在从严治党中强调，各级党组织必须对党员干部严格教育、严格要求、严格管理、严格监督，这个“四严”就体现了内因外因、自律他律的统一。

《太史公自序》有言：“夫礼禁未然之前，法施已然之后。”即礼义在事情未发生前预防，法律在事情发生后实施。以事情是否发生为界，礼义的作用相当于自律，法律的作用则为他律。两千多年前的司马迁已洞悉两者之间的关系，今天的我们在工作生活中更应该用自律约束自己的言行，否则，就可能受到他律的追究。

我们也常看到一种现象：一个地方、一个单位、一个部门，如果党员干部作风硬、肯干事、讲廉洁，那里的风气也就正；如果崇善向德、政通人和、奋发向上，那里肯定有一支坚强有力的干部队伍。由此可见，自律与他律两者相辅相成，不能偏废。

许衡是我国古代杰出的思想家、教育家和天文历法学家。一年夏天，许衡与很多人一起逃难。在经过河阳时，由于长途跋涉加之天气炎热，所有人都感到饥渴难耐。这时，有人突然发现道路附近刚好有一棵大大的梨树，梨树上结满了清甜的梨子。于是，大家都你争我抢地爬上树去摘梨来吃，唯独许衡，端坐于树下不为所动。众人觉得奇怪，有人便问许衡：“你为何不去摘个梨来解解渴呢？”许衡回答说：“不是自己的梨，岂能乱摘！”问的人不禁笑了，说：“现在时局如此之乱，大家都各自逃难，眼前的这棵梨树的主人早就不在这里了，主人不在，你又何必介意？”许衡说：“梨树失去了主人，难道我的心也没有主人吗？”许衡始终没有摘梨。混乱的局势中，平日约束、规范众人行为的制度在饥渴面前失去了效用。许衡因心中有“主”才能无动于衷。许衡心目中的这个“主”就是自律。有了自律，才能在没有纪律约束的情况下亦能牢牢把握住自己。

明代大学士徐溥自幼天资聪明，读书刻苦。少年时代的徐溥性格沉稳，举止老成，他在私塾读书时从来都不苟言笑。一次塾师发现他常从口袋中掏出一个小本本看，以为是小孩子的玩物，等走近才发现，原来是他自己手抄的一本儒家经典语录，由此对他十分赞赏。徐溥还效仿古人，不断地检点自己的言行，在书桌上放了两个瓶子，分别贮藏黑豆和黄豆。每当心中产生一个善念，或是说出一句善言、做了一件善事，便往瓶子中投一粒黄豆；相反，若是言行有什么过失，便投一粒黑豆。开始时黑豆多，黄豆少，他就不断地深刻反省并激励自己；渐渐黄豆和黑豆数量持平，他就再接再厉，更加严格地要求自己；久而久之，瓶中黄豆越积越多，相较之下黑豆渐渐显得微不足道。直到他后来为官，一直都还保留着这一习惯。

凭着这种持久的约束和激励，他不断地修炼自我，完善自己的品德，后来终于成为德高望重的一代名臣。徐溥对自己行为的高标准约束显示了他强烈的自律意识，即使是在个人独处时，也能自觉地严于律己，谨慎对待自己的一言一行。慎独是自律的最高境界，它能让一个人在独立工作、无人监督的时候仍然能够不被外物所左右，而是丝毫不放松自我监督的力度，谨慎自觉地按照一贯的道德准则去规范自己的言行，一如既往地保持道德自觉。

一位著名的作家曾经说过这样一句话：要想征服世界，首先要学会控制自己。世界上最难征服的就是我们自己，只有战胜自己，克服我们人性自身的缺点，才能成就大事。严于律己，宽以待人是成功人士的做人准则。其中，自律是内因，内因决定事物主要发展方向。自律，就是自我约束，自我控制。

1. 坚持思想上高度自觉自律，怀有自省之心

宋代王安石曾就人生自律发过感慨“百年养不足，一日毁有余”，意思是指思想意识的提升是一个缓慢的过程，一日不坚持自律就可能会毁于一旦。2014 年 5 月 8 日，习近平总书记在同中央办公厅各单位班子成员和干部职工代表座谈中讲道：“廉洁自律，必须筑牢思想防线，加强主观世界改造，牢固树立正确的世界观、人生观、价值观，加强党性修养，做到持之为明镜、内化为修养、升华为信条。”

每一个党员干部都应当时常反思自省以启发自觉，真正做到持之为明镜、内化为意识、升华为信条。明代的开国皇帝朱元璋有一天问群臣：“天下何人最快活？”有个大臣答道：“天下守法度者最快活！”朱元璋听后连说：“见解独到。”遵守纪律的人，一定是一个严谨的人、一个快活的人、一个值得党和人民信赖和重托的人！尤其是各级党员领导干部，更应该深入地思考自己怎么来担当这份责任，如何来履行这份责任。“律己”如过不了关，“律人”就过不得硬。

周恩来同志以谦虚谨慎、严于律己而著称于世，连西方人也公认他是个善于严格要求自己的人。对己严，对人宽，是他的一贯风格。对自己所做的工作，总要进行反思，自我总结，自我考察和评价，并对不正确的东西加以约束，以便保持清醒的头脑，正确认识和处理主客观矛盾。他自觉地进行自我批评，而且一旦发现别人犯了严重错误，他就觉得自己有失察之咎。几十年来如一日，他始终弘扬和发展廉洁奉公、朴素谦逊的美德。他身居高位，却从不为自己谋取任何私利，毫不利己专门利人，对同志对人民极端热忱，平易近人，不摆架子，从各方面来约束自己。

2. 自觉按照社会主义核心价值观的要求规范自己的行为

反贪剧《人民的名义》中赵德汉“小官巨贪”的形象被刻画得淋漓尽致。他长相憨厚、衣着朴素，喜欢以“农民的儿子”自居，能够在简陋破败的老房子里吃炸酱面，却在欲望的诱惑下，忘记了当初为什么当官的信念，丢失了作为农民儿子所具有的最朴素的品质，贪污赃款达2.3亿人民币。“赵德汉们”警示着每一名党员干部，必须把“不忘初心”作为当官干事的座右铭，严于律己，做到坚定信心不动摇，面对诱惑不迷失。党员干部要学习《人民的名义》中反腐斗士的浩然正气，自觉抵制各种诱惑，保持对权力的敬畏，永远铭记为人民服务的初心，始终保持清醒的头脑，提高廉洁从政意识。

被法院判处有期徒刑十五年的韩宝林，曾是四川省攀枝花市土地储备中心主任，利用职务之便挪用公款、贪污受贿。在忏悔中他提到，作为一名共产党员，没有按照党章和相关条例要求来约束自己，往往认为党风廉政教育只是走过场。思想上的“锈”，蒙蔽了心智。

胡长清在《我的悔过书》中说：“回忆反省自己入党30年，用共产主义的理想去战胜非无产阶级思想的侵蚀太差……正确的东西没有去占领，错误消极的东西就乘虚而入，产生思想的大崩溃，犹如脱缰的野马，一放不可收拾，最终动摇理想，丧失信念。”思想上的自觉自律，是最根本的洗心。

3. 要保持平常之心，懂得自重

党员在任何情况下，都要尊重自己的人格和名誉，都要固守自己的高尚情操。强调自律，就是要求人们要不为时尚所惑，不为积习所蔽，不为浮名所累，自觉做到不让乱七八糟的事沾边，不做贪欲和私念的俘虏；强调自律，就是要求人们自觉做到位高权重不自傲，人轻言微不卑，不钻制度和法律的空子，不践踏道德和法律的尊严，遵法守德，勇于负责，敢于担当；强调自律，就是要求人们要见贤思齐，经常反思自我、完善自我，勇于“跟自己打官司”，和自我放纵的行为作斗争。

作为共产党员，必须以坚强的党性和高尚的人格严于律己，始终不渝地坚守道德和法律底线，并在此基础上不断提升人生品位，提高干事创业和服务社会的能力。这是做人的基本准则，更是共产党员特别是领导干部必须牢记和认真履行的人生准则。

从心理学的角度讲，人人都有向善的心理需求和自律的意识，但不同的人，向善的需求和自律的意识有强弱之分；人人都有按照自己的心愿行事，而不受外在约束的心理需求，但人人都对他律存在着不同程度的排斥性。历史和现实都反复证明，如果没有健全有效的他律作保障，建立在自觉基础之上的自律，对于绝大多数人是难以持久有效地发挥作用的。

他律是个人成长进步和社会发展所必需的外部条件，是来自外部的教育、批评、监督等约束。他律是最基本、最重要的约束形式，是社会机器有效运转的关键所在。严明的纪律是中国共产党的显著标志和政治优势。

抗日战争结束后，国民党一度很强大，拥有800多万军队，但党纪军纪松弛，犹如一盘散沙。蒋介石到台湾以后总结失败教训，其中一条就是“共产党有纪律，国民党没纪律”。党要管党，从严治党，靠什么管？凭什么治？就要靠严明纪律。

4. 加强法纪教育，把纪律挺在前面

法律面前人人平等，它是所有公民必须遵循的。但是作为党员，除了增强法律意识和观念，更要把纪律和规矩挺在前面，在法律底线之前架起带电的“高压线”。紧握党章党规这把戒尺，使党章党规成为悬挂在每一位党员头上的“达摩克利斯之剑”，使每个党员敬畏党的纪律，把党的纪律印在脑海里、刻在心中。

习近平总书记在湖南考察时讲道：“要加强对党员、干部特别是领导干部的教育，让大家都明白哪些事能做、哪些事不能做，哪些事该这样做、哪些事该那样做，自觉按原则、按规矩办事。”重法规，

明纪律，一向是中国共产党赢得胜利、赢取民心的重要法宝。

党纪国法是对个人的约束。对于不守纪律的行为，就是要严肃处理。正如习近平总书记说的那样：“遵守党的纪律是无条件的，要说到做到，有纪必执，有违必查，而不能合意的就执行，不合意的就不执行，不能把纪律作为一个软约束或是束之高阁的一纸空文。”

对于共产党员，接受监督是基本的政治素养。人非圣贤，孰能无过？如果严重了还有可能违法乱纪，而身为党员干部，其过错，其违法乱纪，远比普通人的危害要大得多。社会、制度对他们的监督，是少犯错误、维护党和人民利益的最有效形式。

规矩、纪律的形成，必须有严密的监督制约机制。秩序是第一要律，破坏规矩的目的就是扰乱秩序，占便宜、捞好处、满足个人私欲。要断这些人的念头，就得有一支群众信得过的队伍，需要有敢于碰硬的人来进行监督。作为党员干部，一方面要接受组织的监督，另一方面要主动接受群众的民主监督。

朱德是我们党和国家的卓越领导人之一，几十年来，在党内生活中，他总是自觉地把自己置于党和群众的监督之下，时刻以一个普通党员的身份出现，从不特殊。革命战争年代，朱德在江西瑞金时，曾被编在中央军委机要科党小组过组织生活。他怕党小组长顾虑他是首长，便对党小组约法三章：一是党小组过组织生活必须通知他；二是党小组给每个党员分配任务时必须有他；三是党小组长必须定期听他汇报思想情况。

沈阳市原市长慕绥新在《我的罪行与反思》中提到：“我低估了组织，高看了自己，像个党内‘个体户’，我行我素，放弃了接受组织监督的机会。”自我约束力不够，同时又脱离了组织的监督，就很容易出现问题。

法国社会学家孟德斯鸠在《论法的精神》一文中说过：“一切有权力的人都容易滥用权力，这是万古不易的一条经验。”缺乏监督，容易出现违法乱纪的行为。要严格制度监督，紧紧围绕权力运行进行监督。

5. 自觉接受舆论监督

面对舆论监督，除了运用法律手段解决那些恶意中伤性的舆论外，都应该本着“有则改之，无则加勉”的虚心态度。那些视舆论监督为洪水猛兽，利用公权来横加干预的行为，只会加重问题的严重性。只有珍惜舆论监督，健全舆论监督环境，才能为百姓谋利。

2014 年 1 月 20 日，习近平总书记在党的群众路线教育实践活动第一批总结暨第二批部署会议上的讲话中指出：“执行党的纪律不能有任何含糊，不能让党纪党规成为纸老虎、稻草人，造成‘破窗效应’。凡是违反党章和党的纪律特别是政治纪律、组织纪律、财经纪律的行为，都不能放过，更不能放纵。”

对于个人，没有自律，将陷于堕落；没有他律，将不可救药。对于执政党，没有自律，将甘于沉沦；没有他律，将失信于民。党员干部一定要把自律和他律紧密结合起来，争当不忘初心、牢记使命的领航者。

后记

政德是整个社会道德建设的风向标。立政德，就要明大德、守公德、严私德。新时代新征程，党员干部该如何认识政德建设的重要意义？应怎样以政德约束言行？党组织如何创新制度，为讲政德、立政德、修政德提供保障？

本书采用史论结合的形式，在讲述政德重要性的基础上，明确了政德的科学内涵和践行路径，书中运用了大量的古今案例和故事，极具哲思，有醍醐灌顶之功效，是新时代共产党人为完成党的历史使命、加强自身修养、提升自身素质的实用精进指南。

本书孙运德、吴冰为主编，周书焕、任春雷为副主编。各部分的撰稿人依次为：第一章，孙运德、张鑫；第二章，吴冰；第三章，陈霞；第四章，李小奎、周书焕；第五章，周书焕、任春雷；第六章，罗瑜、孙运德；第七章，姜曙；第八章，陈亚琼。孙运德、任春雷、吴冰进行了统稿和校对。

本书在撰写过程中，得到了国防大学学科学术带头人洪保秀教授的精心指导，同时参考借鉴了众多专家学者的学术研究成果，在此一并表示感谢。由于时间仓促、水平有限，本书难免有疏漏不足之处，敬请读者朋友批评指正。